Rodolphe Grosléziat

Kleiner Garten große Ernte

Mit Fotos von Franck Boucourt
Aus dem Französischen von Sabine Hesemann

Für Léo, Lola und Loup, und für alle anderen Kinder,
die in Gemüsegärten Verstecken spielen,
selbst gepflückte Erdbeeren und Himbeeren naschen
und sich später daran erinnern werden …

Einleitung

Sie besitzen ein kleines Stück Land ums Haus und denken, es wäre ganz nett, einen Gemüsegarten darin anzulegen? Eine sehr gute Idee!

Doch einige gedankliche Hindernisse und Vorurteile müssen noch ausgeräumt werden:

„Die Kinder haben dann keinen Platz mehr zum Spielen …"

Richtig ist, dass die Kinder vielleicht weniger *Rasen* als Spielfläche haben. Das ist aber nicht dasselbe. Denn sie bekommen dafür einen Raum zum Entdecken und Experimentieren. Rasch wird klar, dass es eine Symbiose zwischen Spiel und Anbau von Früchten und Gemüse gibt.

„Dazu habe ich gar nicht die Zeit …"

Am Anfang brauchen Sie sicher ein bisschen mehr Zeit. Später verbessern Sie die Arbeitstechnik und Planung und brauchen weniger Zeit. Bei einem kleinen Garten reichen 20 oder 30 Minuten pro Tag an der frischen Luft aus.

„Ich kann nicht gärtnern …"

Niemand kann es, bevor er oder sie nicht mit den Händen in der Erde wühlt. Aber durch das Machen wird man zum „Macher". Gärtnern ist eine Technik, die man nicht hundertprozentig beherrschen muss. Gestalten Sie den Garten nach eigenem Gusto, lediglich unter Berücksichtigung der Bodenverhältnisse und des direkten Umfeldes.

„Mein Gemüse schmeckt bestimmt nicht …"

Ihr Gemüse wird richtig lecker sein. Die absolute Frische der Gemüse, die in Ihrer Küche landen, lässt die größten Meisterköche vor Neid erblassen.

„Ein Gemüsegarten ist doch nicht schön …"

Eine äußerst subjektive Bemerkung. Wie alle Gärten wird der Gemüsegarten Spiegel dessen sein, was Sie sich vorstellen. Wenn Sie also die Poesie einbringen, die in Ihnen schlummert, wenn Sie mit Volumen, Farbnuancen und Formen der Gemüse spielen, die sie kultivieren, bekommen Sie einen wundervollen Gemüsegarten.

„… und wie bringe ich Urlaub und Gemüse unter einen Hut?"

Machen Sie Ihren Urlaub wie immer. Man muss lediglich die Aussaat so planen, dass im Garten nicht gerade während der Abwesenheit alles reift. Sollte das dennoch der Fall sein, wäre es auch nicht schlimm. Die Freunde, die sich um den Garten kümmern, freuen sich sicher über reiche Ernte.

Legen Sie also Ihren eigenen Gemüsegarten an. Dadurch werden Sie zum Gestalter Ihrer Umwelt. Und es entsteht eine große Artenvielfalt unmittelbar ums Haus, denn ein Gemüsegarten ist immer artenreicher als etwa eine Rasenfläche. Je tiefer Sie in die Gärtnerei einsteigen, desto reicher wird Ihr Garten – Sie müssen sich nur darauf einlassen!

Eine Ecke für's Gemüse

Größtes Vergnügen bei wenig Kosten- und Zeitaufwand!

Einen ehemaligen, über Jahre verwahrlosten Gemüsegarten **wiederbeleben oder einen von Grund auf neu anlegen, das macht einen Unterschied.** Die Aufgabe ist mehr oder weniger knifflig oder vielschichtig, aber keineswegs unlösbar. Auf jeden Fall wird man Freude und Befriedigung verspüren. Jeder kann nach eigenen Bedürfnissen variieren. Unser Hauptaugenmerk richten wir auf den **Boden** und seine Bepflanzung. Sie werden sehen, wie aus einem Gemüsegarten ein Ökosystem entsteht und wie **bei geringem Zeit- und Kostenaufwand** daraus ein **Ort größten Vergnügens** werden kann.

Lesen Sie, wie man **die Fläche optimal nutzt** und welche Gestalt unser Garten annehmen kann. Wer traditionell denkt, ist wohl eher einem klassischen Gemüsegarten zugeneigt; andere stellen vielleicht die Schönheit und die Poesie in den Vordergrund. Da ein Garten ein Spiegelbild seines Gestalters ist, werden Sie erkennen, dass Ihre Auswahl von dem abhängt, was Sie besonders schätzen: Produktivität, Spaß am Naschen, Erweiterung der Artenvielfalt des Hausgartens …

Wiederbelebung oder Verwandlung

Zum Anlegen eines Gemüsegartens in einem bestehenden Garten sollte man zuerst den Standort betrachten. Man erkennt dabei, welche geeigneten Maßnahmen zu ergreifen sind. Vielleicht sind unter einer Rasenfläche ehemalige Gemüsebeete „versteckt", die es zu entdecken und wiederzubeleben gilt; oder die Gemüsebeete sind vorhanden, liegen aber brach; oder eine Fläche in

Ein Gemüsegarten direkt am Haus hat viele Vorteile, wie etwa kurze Wege oder Schutz vor Kälte und Wind.

einem Garten wird ganz neu in einen Gemüsegarten verwandelt. Auch muss man dabei unterscheiden, ob es sich um einen großen Garten handelt, in dem man ein Eckchen für den Gemüsegarten auswählt oder ob in einem Garten nur Platz für den Gemüsegarten vorhanden ist. Im ersten Fall kann man einen sonnigen, windgeschützten Standort auswählen. Im zweiten Fall muss man das Beste aus dem Fleck machen, der zur Verfügung steht. Wichtig ist auch zu wissen, ob und welche Mengen guten Komposts oder Mulchs[1] ein Garten liefern kann.

Gemüsebeete in einem Garten wiederbeleben

Manchmal findet man in einem Garten Gemüsebeete vor, wenn man ein Haus kauft. Oftmals gleicht aber das Anlegen von Gemüsebeeten einer Wiedergeburt. Der Gemüsegarten wurde vielleicht beim Fortgang seines alten Besitzers aufgegeben. Es gibt Umstände, in denen beim Tod eines Menschen seine Bibliothek in Flammen aufgeht, manchmal verschwindet aber auch sein Gemüsegarten. Oder der Garten fiel dem unaufhaltsamen Fortschritt und der Flurbereinigung zum Opfer.
Sic transit gloria mundi… („so vergeht der Ruhm der Welt").

Guter Boden

Ein solcher Fall ist ein wahrer Segen, denn der Boden wurde über viele Jahre sorgfältig bearbeitet und – mit Mist, so hofft man wenigstens, – reichlich gedüngt, bevor er ruhte. Ist über dem Gemüsegarten eine Rasenfläche angelegt worden, erkennt man die ehemaligen Beetflächen oft am Wuchs der Gräser, die dank des nährstoffreichen Bodens dort dichter und schneller wachsen. Die Umgebung des Gemüsegartens hat sich in der Zwischenzeit jedoch verändert. Durch nahe Bäume oder Bauten kann es mehr Schatten geben. Wurzeln haben sich vielleicht in den nährstoffreichen, krümeligen[2] Boden hinein ausgebreitet.

Typische Unkräuter

Ein alter Gemüsegarten kann von Unkraut[3] überwuchert sein. Mit der Zeit haben sich vielleicht Pflanzen und Sträucher angesiedelt. **Schwarzer Holunder** (*Sambucus nigra*) und **Brennnesseln** (*Urtica dioica*) zeigen stickstoffreiche Böden an. Eine Invasion von **Gewöhnlichem Giersch** (*Aegopodium podagraria*), auch Geißfuß genannt, zeigt, dass der Boden staunass und reich an organischem Material ist. Die Gartenlandschaft vermittelt reichlich Informationen, man muss nur lernen, sie zu erkennen und zu deuten. Sie können aber sicher sein, dass Sie diese

---

1 Bei Mulch handelt es sich um eine Schicht aus pflanzlichem Material, das der Gärtner auf dem Boden zum Schutz oder zur Verbesserung ausbringt. Man kann alles verwenden, was man zur Hand hat: Pflanzenschnitt, welkes Laub, Häckselgut, Kompost.

2 So bezeichnet man einen fruchtbaren Boden mit einer Struktur, die das Wasser gut ableitet.
3 Unkräuter richten eigentlich keinen Schaden an. Besser Unkraut im Garten als ein bösartiger Nachbar! Auch wenn sie nicht am rechten Fleck stehen, sind sie dennoch gute Indikatoren für den Zustand des Bodens. Man sollte sie daher aufmerksam „lesen".

Brennnessel: stickstoffreicher Boden.

Schwarzer Holunder: stickstoffreicher Boden.

Gewöhnlicher Giersch: nasser Boden, reich an organischen Einträgen.

Kenntnisse im Laufe der Zeit gewinnen werden. Wenn Sie mit einem Gemüsegarten loslegen, brauchen Sie sie noch nicht. Anfangs genügt es, wenn Sie die geplante Anbaufläche einfach jäten, später sollten Sie die Bodenzusammensetzung verbessern, damit keine ständig wiederkehrende Unkrautinvasion ins Haus steht.

Erkundigungen über die Vorgänger

So mancher kauft ein Haus mit bestehendem Gemüsegarten. Erkundigen Sie sich über die Gartenpraxis Ihres Vorgängers. Hat der Gärtner schwere Geschütze eingesetzt – z. B. Chemikalien oder Motorkultivator? Die **chemische Keule** kann man aussitzen und einige Zeit warten, bis ihre Wirkung sich verflüchtigt hat. Jahrelange Bearbeitung mit einem **Motorkultivator** kann dazu geführt haben, dass eine undurchlässige Schicht wenige Zentimeter unter der Erdoberfläche entstanden ist. Diese muss man unbedingt aufbrechen, um den Gasaustausch, das Eindringen der Regenwürmer und des Wassers in die tiefere Bodenschicht zu ermöglichen. Dadurch wird der Boden fruchtbarer. Seien Sie neugierig! Nutzen Sie nach Möglichkeit die Erfahrung des Vorbesitzers, fragen Sie, was angebaut wurde und wann der erste beziehungsweise letzte Frost zu erwarten ist.

Einen Teil des Gartens in Gemüsebeete verwandeln

Möchten Sie in einem bestehenden Garten Gemüsebeete neu anlegen, müssen Sie dafür die beste Stelle finden. Manchmal gibt es nur eine einzige Möglichkeit, doch das ist eher selten.

Den besten Standort suchen

Man sollte den Garten im Hinblick auf den **Schattenwurf und die vorherrschenden Windverhältnisse** genau betrachten (siehe auch S. 18–21). Suchen Sie die sonnigste Stelle. Und zögern Sie nicht, einen Standort heller zu machen, indem Sie einige **Bäume auslichten**. Man sollte dabei einem sanften Rückschnitt, also dem Auslichten, den Vorzug geben. Entfernt man zwei von drei Ästen, dringt das Licht wieder hindurch. Ein starker Rückschnitt wäre für den Baum lebensbedrohlich und fördert die Bildung zahlreicher Wassertriebe.

Eine **Verbindung von Gemüsegarten und Haus** ist nicht nur praktisch (kurze Wege, Schutz vor Wind und Kälte, das Einbeziehen der Mauern...), sondern lässt auch einen Lebensraum entstehen, der zugleich schön und gut sein kann.

Vorgegebene Strukturen nutzen

Es hat viele Vorteile, wenn man einen Gemüsegarten in einem bestehenden, fertigen Garten anlegt. Bäume und Hecken stehen schon und bilden einen Windschutz. Sie beherbergen zudem Nützlinge[1]. Verstärken kann man diesen Effekt noch, wenn man weitere Refugien anlegt, z. B. Wasserstellen. Man kann auch davon ausgehen, dass die Gestalt des Gartens in den kommenden Jahren gleich bleiben wird (der Gemüsegarten wird dann nicht in den Schatten eines Baumes „wandern", wenn dessen Krone immer größer wird).

Und der restliche bestehende Garten liefert die für die ökologische Bewirt-

Finden Sie heraus, ob der Schatten der Bäume für einen Gemüsegarten nicht zu stark ist. Bei Bedarf lichten Sie zu dichte Bäume aus.

schaftung des Gemüsegartens nötigen Materialien: Kompost aus Gartenabfällen, Laub und Äste zur Abdeckung des Bodens (siehe S. 23).

---

1 Darunter versteht man alle kleinen Lebewesen (Igel, Vögel, Insekten), die uns im Kampf gegen Schnecken, Blattläuse etc. beistehen.

Komplette Neuanlage

Wer noch nie einen Garten angelegt hat, macht den Gemüsegarten oft dann zur Lebensaufgabe, wenn die Kinder zur Welt kommen. Als man noch allein war, hat man Dinge gegessen, die man seinen Lieben nicht zumuten möchte. Doch es gibt noch viele andere Motivationsquellen: Wunsch nach gesunder Nahrung, Suche nach Autonomie, wirtschaftliche Notwendigkeit.

Die Idee zur Anlage eines Gemüsegartens fällt meistens mit der Suche nach dem für die Familie ausreichend großen Wohnraum zusammen – nicht selten resultiert daraus der Bau eines ganz neuen Hauses.

Wenn Sie vor dem Hausbau auch den Gemüsegarten einplanen, sollten Sie vom Baubeginn an daran denken, welche Bodenfläche Sie vor Ort für die Beete erhalten müssen. Wenn Sie dies unterlassen, müssen Sie den Mutterboden aufbereiten, was oftmals große Mühe macht.

Um Neubauten herum hat sich in den letzten Jahren die Unsitte breitgemacht, einige Dutzend Zentimeter Bodens auf dem Baugelände abzutragen und große Haufen „Gartenerde" aufzutürmen. Diese werden nach Abschluss der Bauarbeiten wieder auf der Fläche verteilt. Die Bauunternehmen argumentieren, es sei wichtig, diese obere, fruchtbare Substratschicht zu bewahren, da sonst nichts im Garten wüchse. Das Problem ist aber, dass das Substrat durch die Bewegung zu leiden beginnt, und mit den großen Haufen unterschreibt man das Todesurteil. Energie und Zeit werden für nichts und wieder nichts verschwendet, obwohl es durchaus einfache Lösungen für das Problem gäbe.

Vor Baubeginn …

Man versucht am besten, die Probleme vorauszusehen, statt sie nachher zu beseitigen. Aufhäufen und Verdichten sind das Schlimmste für das Substrat. Der Boden erstickt und dadurch wächst verstärkt Unkraut wie Hahnenfuß oder Breit-Wegerich. Stellen Sie sich einmal die Auswirkungen vor, wenn Boden abgetragen, aufgetürmt oder schlimmstenfalls durch den Verkehr tonnenschwerer Baufahrzeuge verdichtet wird. Bei einem Bauvorhaben sollte eine möglichst geringe Fläche um den Bauplatz für die Fahrzeuge abgesteckt werden, um den Bereich des späteren Gartens zu schützen. Man sollte das Haus am besten ebenerdig anlegen und nicht erhöht auf dem Aushub des Kellers oder der Kanalisierung, wie man es oft sieht. Es gibt Leute, die Erdaushub benötigen und ihn schon zu Beginn der Bauarbeiten gerne mitnehmen. Lagern Sie daher nur so viel, wie Sie tatsächlich später benötigen.

Um die Flächen klar zu kennzeichnen, beginnen Sie am besten gleichzeitig mit der Anlage des Gemüsegartens und dem Hausbau. Sie müssen nicht mit dem Spaten drangehen, einige Holzspieße und eine Kordel zum Abspannen genügen schon.

Wenn es zu spät ist ...

Meistens sehnt man sich nach einem Gemüsegarten, wenn das Haus schon bewohnbar ist. Für Vorkehrungen ist es zu spät, nun muss eine Lösung gefunden werden! Wenn das Substrat stark verdichtet und der Boden unbrauchbar ist, dann muss man eine Lösung finden, wie etwas auf dieser „Erde" angebaut werden kann.

Es gibt drei einfache Methoden, um fruchtbaren Boden zu gewinnen; dabei wird gleichzeitig die Fläche gegliedert und die Kulturen müssen nicht betreten werden.

Drei Methoden zur Substratgewinnung

1. Kultur auf einem Hügelbeet

Dies ist die älteste Methode. Dabei werden verschiedene Schichten halbkreisförmig zu einem Hügelbeet aufgebaut[1]. Das Beet wird durch einen regelmäßigen Eintrag organischer Abfälle erhalten. Die kultivierbare Fläche eines Hügelbeetes ist größer als die eines Flächenbeetes. Je höher das Hügelbeet, desto mehr Nutzfläche. Dadurch gewinnt man einige Quadratmeter, doch sollte man nicht vergessen, dass an zu steilen Flanken nichts wächst. Auch besteht die Gefahr des Abrutschens.
Wegen des Schattenwurfes sollte man solche Beete in Nord-Süd-Richtung anlegen.

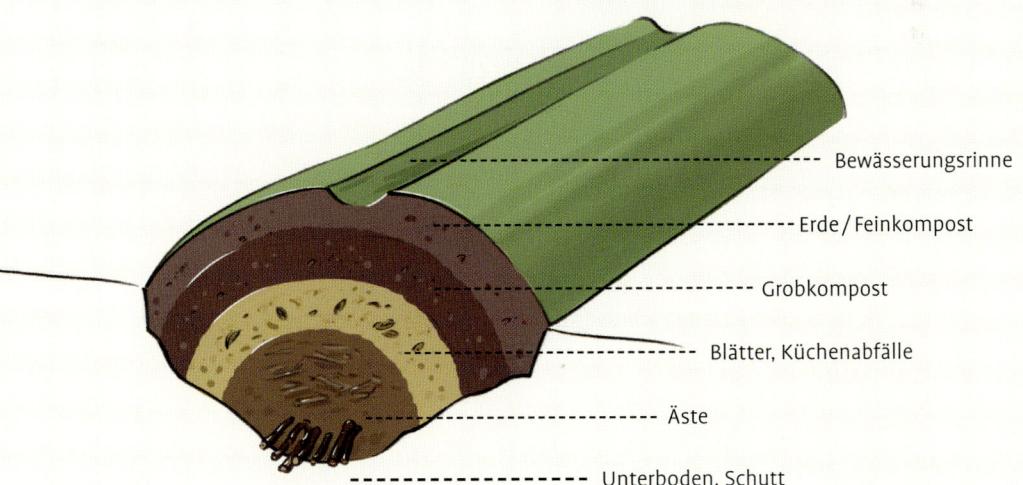

- - - - Bewässerungsrinne
- - - - Erde / Feinkompost
- - - - Grobkompost
- - - - Blätter, Küchenabfälle
- - - - Äste
- - - - Unterboden, Schutt

1 Es handelt sich um Material, das direkt auf Bodenniveau verteilt wird. Im Gartenbau sind diese Beete hügelförmig, Komposthaufen können gegebenenfalls auch in dieser Form errichtet sein.

2. Gemüse in Quadratbeeten

Square Foot Gardening, die Idee des Amerikaners Mel Bartholomew, kam in den 1990er-Jahren nach Europa. Bei dieser interessanten Methode wird Kultursubstrat mithilfe eines Systems aus Pflanzkästen aufgebaut. Auf den entstandenen Kleinflächen wird angepflanzt. Die Quadratbeete sind mit Gartenerde und Kompost gefüllt. Wegen der besonderen Eignung für kleine Gärten finden Sie ab Seite 48 mehr zu dieser Technik.

Einfassung von Beeten und Beetquadraten mit Bahnschwellen

Es war eine Zeitlang Mode, Beete und Beetquadrate mit Bahnschwellen einzufassen. Das war nicht teuer, hielt lange, war praktisch,... aber nicht ökologisch, sondern sogar gefährlich. Heute ist der Handel damit sogar verboten. Das Holz wurde mit krebserregenden Imprägniermitteln (Teerölen) behandelt. Jede Schwelle weist etwa 6 kg des Stoffes auf. Sollen sich doch die Hersteller bei der Entsorgung darum kümmern. Verwenden wir lieber unbehandeltes Holz direkt aus der Sägemühle!

3. Kultur in Schichtbeeten

Lasagna Gardening wurde von der Amerikanerin Patricia Lanza[1] in den 1980er-Jahren erdacht. Ich habe diese Methode nicht selbst ausprobiert, aber sie scheint interessant zu sein, wenn man zügig ein aus Pappe, Grünabfällen und Kompost schichtweise aufgebautes Substrat errichten möchte. Je dicker die Schichten, desto vielfältiger kann man die Kulturen anlegen. Erwarten Sie jedoch nicht, Bäume pflanzen zu können. Die Schichtbeete benötigen viel Wasser, weil sie vom umliegenden Bodenprofil getrennt sind. Unter Umständen kann man sie deswegen nicht anlegen (siehe S. 22, Wasserbedarf).

Schichtweiser Aufbau wie eine Lasagne

> Stickstoffreiche Schichten (grün) und kohlenstoffreiche Schichten (gelb) im Wechsel.
> Starke Bewässerung vorsehen, sobald die trockenen kohlenstoffreichen Schichten aufgebracht sind.
> Die „Lasagne"-Schichten haben eine Gesamthöhe von 35 cm.

Kompost	
Gras und zerkleinerte Blätter	5 cm
Stroh und getrocknetes Laub	5–10 cm
Gras und zerkleinerte Blätter	5 cm
Stroh und getrocknetes Laub	5–10 cm
Gras und zerkleinerte Blätter	5 cm
Kompost	die Pappe bedeckend

---

1 Lanzas Buch – ein Bestseller in den USA – wurde nicht ins Deutsche übersetzt, ebenso wenig wie das französische Buch, das diese Idee aufgreift: „L'Art du Jardin en lasagnes" von Jean-Paul Collaert und Eric Prédine.

Neubeginn mit dem Vorgefundenen

Man weiß nicht zwangsläufig, wie eine Parzelle bewirtschaftet wurde, wenn man sie ersteht. Oft wurde der Boden mit Mist verbessert und vor allem gegen Schadinsekten sowie Unkraut mit Chemie behandelt.

Die wiederholte Bearbeitung mit schwerem Gerät führt dazu, dass eine harte Bodenschicht – kompakt und wasserundurchlässig – in einigen Zentimetern Tiefe entsteht. Sie behindert die Durchlüftung des Bodens und die Wasseraufnahme, was der Fruchtbarkeit schadet. In einem solchen Fall sollte man frühestmöglich eine Umsetzung des Bodens durch doppeltes Umgraben durchführen, um die Kruste aufzubrechen. Wie erkennt man, ob dies nötig ist? Man gräbt ein Loch und sieht nach, ob man in 15–25 cm Tiefe eine härtere Bodenschicht findet.

Wenn man eine im Vorjahr noch kultivierte Parzelle bearbeitet, muss man oft gegen eine Invasion von einjährigen Unkräutern ankämpfen. Am häufigsten sind das Guter Heinrich (*Chenopodium bonus-henricus*) oder Vogelmiere (*Stellaria media*).

Wenn man einen Gemüsegarten auf einer Fläche anlegt, die regelmäßig mit einem Motorkultivator bearbeitet wurde, empfiehlt sich doppeltes Umgraben von Hand, um die verdichteten Bodenschichten aufzubrechen.

Doppeltes Umgraben

Mit dieser Technik kann man den Boden bis in tiefere Schichten durcharbeiten, ohne ihn völlig auf den Kopf zu stellen. Dadurch wird die verdichtete Schicht entfernt, der Boden wird locker und die Belüftung und Bewässerung wieder bis in tiefere Schichten ermöglicht.

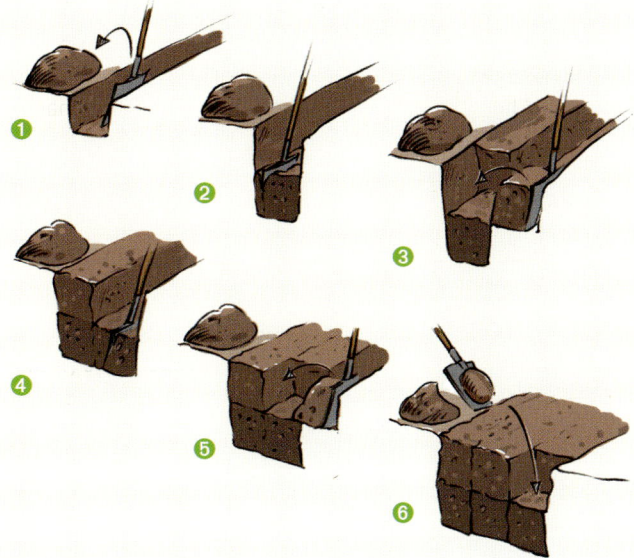

❶ Die erste Reihe wird spatentief ausgehoben. Sie dient zum Füllen der letzten.
❷ Die darunter liegende Schicht wird an Ort und Stelle gewendet.
❸ Die zweite Reihe Boden wird auf die erste Reihe geschaufelt.
❹ Die zweite darunter liegende Schicht wird an Ort und Stelle gewendet.
❺ Die dritte Reihe Boden wird auf die zweite Reihe geschaufelt.
❻ Zum Scluss wird die ausgehobene Erde der ersten Reihe in die letzte Reihe gefüllt.

Das ist ein gutes Omen, denn sie zeigen einen stark stickstoffhaltigen Boden an und Sie müssen den Boden nicht gleich verbessern. Erinnern wir uns kurz daran, dass diese Pflanzen früher als Gemüse galten und machen wir ihnen den Garaus, indem wir sie in die Salatschüssel werfen!

Lag die Fläche länger brach, dann könnte sie nun von Acker-Kratzdistel (*Cirsium arvense*) oder Gewöhnlichen Zaunwinden (*Calystegia sepium*) bevölkert sein, deren lange, lange Wurzeln man nur von Hand ausreißen kann. Schlimmer wäre gar Acker-Schachtelhalm (*Equisetum arvense*). Schachtelhalm kann man zwar nicht essen, aber er leistet Ihnen beste Dienste bei der Pflege der Gemüsekulturen. Man kann daraus insekten- und pilzvernichtende Jauchen ansetzen. Unter den Kompost gemischt, verbessert er auch diesen.

Recyling und Wiederverwendung

Das Fehlen von Bäumen, Zierstauden oder Rasen führt dazu, dass man vor Ort außer den Gemüsegartenabfällen selbst nichts zum Kompostieren findet oder um den Boden zwischen den Kulturbeeten abzudecken. Diesen Nachteil kann man dadurch beheben, dass man Gründünger (Phazelie, Senf, Raps, Klee) sät, sobald ein Beet abgeerntet ist. Im Herbst ist das besonders wichtig, um den Boden im Winter zu bedecken. Oder man sät den Gründünger zwischen den Reihen der Gemüsepflanzen.

Das Kleinklima erkunden

Es besteht kaum die Chance, dass das Mikroklima des Gartens überall identisch ist, es sei denn, es handelte sich um eine absolut ebene, nackte Bodenfläche inmitten einer Ebene. Das wäre ein Geschenk des Himmels! Gewöhnlich bildet das Bodenrelief unter dem Einfluss von Wind, Regen und Sonne selbst auf kleiner Fläche ein Mosaik von Mikroklima-Zonen aus, die zur Kultur von verschiedenen Obst- und Gemüsearten nützlich sind. Sie genau zu identifizieren nimmt mehr als eine Saison in Anspruch. Eine Übersicht mit den warmen und kalten Stellen, den günstigen und ungünstigen Flecken lässt sich aber bei einem Rundgang mit genauem Blick auf den zukünftigen Gemüsegarten schon ausmachen. Danach weiß man ernstlich, wo man die Tomaten pflanzen kann und wo der Salat gut gedeihen wird.

Was muss man beachten?

> **Senken:** Unser Boden kann kleine Mulden aufweisen. Wenn möglich sollte man dort keinen Gemüsegarten anlegen, denn diese Bereiche sind gewöhnlich kühler und feuchter – ein Teich wäre dort passender.

> **Große Bäume:** Im südlichen oder westlichen Gartenbereich stehende große Bäume können nachteilig Schatten werfen, wodurch den Kulturen etliche Sonnenstunden täglich fehlen. Ein starker Rückschnitt führt aber zu starken Wassertrieben, was ebenso ungünstig ist. Man kann einen sehr schönen Ziergarten im Schatten gestalten, aber ein Gemüsegarten wird dort nichts.

> **Windschutz:** Durch Bauten (Gebäude, Mauern), Vegetation (Bäume, Hecken) oder das Bodenrelief (Böschungen) entstehen windgeschützte Stellen. Wind ist wirklich problematisch, weil er die Pflanzen umknickt, die Temperatur senkt (Windchill, siehe Kasten) und die Luft austrocknet. Wer nicht so viel gießen möchte, sollte sich vor Wind schützen. Die Form der Baumkronen, deren schönster fahnenförmiger Wuchs ja durch die Windrichtung am Meer oder in den Bergen entsteht, ist ein guter Indikator für die vorherrschenden Windverhältnisse.

> **Bereiche mit üppigem Bewuchs** oder raschem Wachstum zeigen die Flächen an, wo der Zufall der Geschichte (Anhäufung von Grünabfall unter einem ehemaligen Vorbesitzer) oder die Gesetze der Substratbildung zu besonders fruchtbarer Erde geführt haben.

Windchill

Windchill (Windkühle, Windfrösteln) ist eine verstärkte Wahrnehmung von Kälte durch den Wind. Bei einer Temperatur von 5 °C und einer Windgeschwindigkeit von 40 km/h fühlt der Körper eine Temperatur von -1 °C. Pflanzen haben zwar nicht dieses Gefühl, trocknen aber dadurch bei Lufttemperaturen über 0 °C stärker aus. Sobald die Lufttemperatur unter 0 °C fällt, wird auch der Frosteffekt verstärkt.

In diesem Gemüsegarten sind die Bäume so platziert, dass die Kulturen unbeeinträchtigt in der vollen Sonne liegen.

Oben sehen Sie meinen Gemüsegarten. Er liegt an der sonnigsten Stelle des Gartens und wird durch die Hecke im Hintergrund vor den vorherrschenden Winden geschützt.

> **Über den Tag hinweg vollsonnige Flächen** eignen sich besonders für Gemüse, das viel Wärme braucht. Solche Böden sind trockener und müssen stärker bewässert werden. Auch die Oberfläche muss geschützt werden, andernfalls verkrustet sie, bricht auf und trocknet bis in tiefere Schichten aus.

> **Frostgefahr** tritt nicht in allen Bereichen eines Gemüsegartens gleichermaßen auf, vor allem bei Temperaturen um 0 °C. Im Laufe der Zeit werden Sie die Unterschiede erkennen. Das ist vor allem in der Übergangszeit wichtig, wenn man beispielsweise im zeitigen Frühjahr Radieschen säen oder im Herbst eine späte Bohnenernte einbringen möchte.

Manche Effekte wirken dabei zusammen: Eine günstig gelegene Mauer kann vor Nordwind schützen und die Wärme von Süden einstrahlender Sonne speichern.

Schließlich sollte man einen Plan des zukünftigen Gemüsegartens zeichnen. Dadurch lernt man die Fläche besser kennen und kann den Gemüseanbau mit Bedacht planen. Stillstand und das Jammern über die Nachteile nützen gar nichts. Der Gärtner kann durchaus die Folgen von Wind, Regen und Sonne verringern, verstärken oder ihnen entgegenwirken. Der Ertrag des Gemüsegartens lässt sich optimieren, indem man hier Bäume auslichtet und dort Hecken setzt.

In meinem Garten gibt es beispielsweise zwei für die Tomaten geeignete Standorte, einer ist windgeschützt aber nicht so sonnig, beim anderen ist es umgekehrt. Indem ich also den zweiten Standort vor Wind schütze, bekomme ich dort am frühesten reife Tomaten.

Spitzen Sie nun den Bleistift und gehen Sie ans Werk!

Die wärmsten Stellen finden sich dort, wo volle Sonne und Windschutz zusammen auftreten, die kältesten sind dort, wo Schatten auf Zugluft trifft.

Mikroklima innerhalb eines Gartens in der Theorie

vorherrschende Windrichtung

Norden

schützende
Hecke

kalte
Winterwinde

abendlicher
Schattenwurf

Osten

Sonne

Süden

Man sollte den Gemüsegarten in der Sonne mit Schutz
vor dem vorherrschenden Wind anlegen.

Mikroklima in meinem Garten

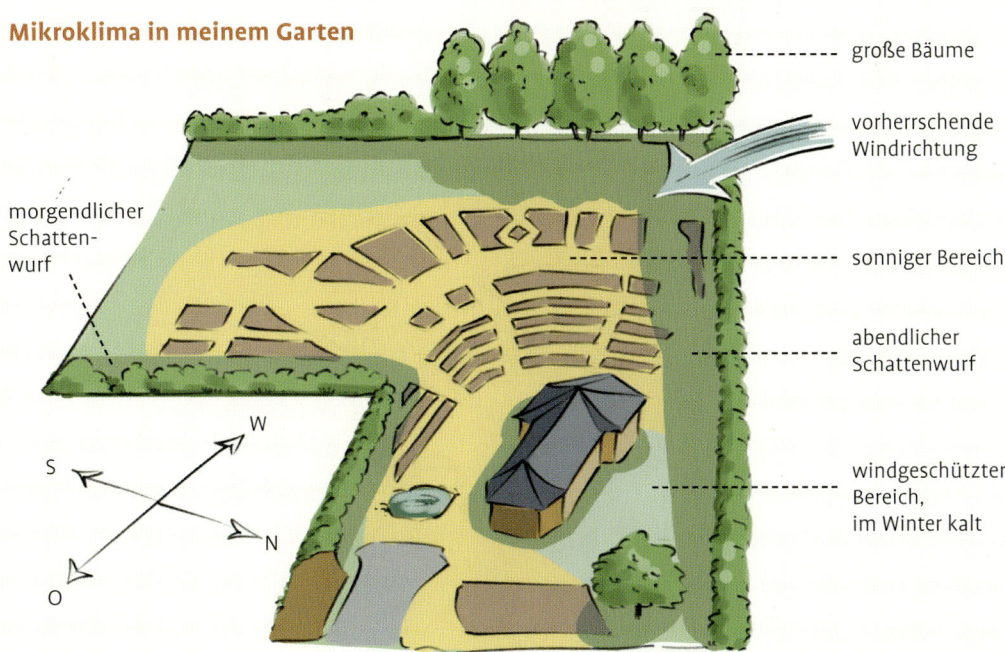

große Bäume

vorherrschende
Windrichtung

morgendlicher
Schatten-
wurf

sonniger Bereich

abendlicher
Schattenwurf

windgeschützter
Bereich,
im Winter kalt

W

S

N

O

Ohne Wasser geht's nicht

Dass Gemüse ohne Wasser gedeihen würde, ist ein abwegiger Gedanke.
Manchmal ist man einfach gezwungen,
die Gießkanne zu nehmen. In unseren
reichen Ländern wird für das Trinkwasser
viel Geld ausgegeben (für Wasserspei-
cher, Aufbereitung und Wiederaufbe-
reitung). Es wäre besser, es zur unmit-
telbaren Versorgung der Menschen
vorzusehen und den Garten mit Regenwasser zu gießen.

*Eine erhöht platzierte Regentonne erzeugt Wasser-
druck und erleichtert so das Wässern.*

Schätzung von Regenmenge und Bedarf zum Gießen

Unsere Regionen werden ungleichmäßig mit Regen versorgt. „Es regnet oft.",
„Es ist trocken." oder „Es hat lange nicht
geregnet." sind Feststellungen, die uns
nicht unbedingt weiterhelfen. Besser
ist es, die Niederschlagsmenge, die alljährlich in den Gemüsegarten schwappt,
präzise in Millimetern mit einem Nieder-
schlagsmesser zu erfassen.

Regenfälle im Herbst, Winter und
Frühling sorgen dafür, dass die Böden
durchfeuchtet werden und die wasser-
speichernden Schichten sich wieder füllen. Sommerliche Niederschläge sind
langfristig sehr nützlich, sie kühlen die
Atmosphäre und füllen ein wenig die
Speicher auf. Regen auf blanker Erde
aber bildet Sturzbäche anstatt in den
Boden einzudringen.

**Für gewöhnlich haben Gemüsepflan-
zen ohne Wasser Stress** und das führt
zu einer Überlebensreaktion: Sie bilden
Samen, damit die Art erhalten bleibt.
Wenn es darum geht, sind Salatpflanzen
wahre Künstler, und geschossener Salat
macht keine Freude. An einem sonnigen
Tag braucht ein fruchtender Tomaten-
stock 4 l Wasser. Und jeder weiß, dass
Radieschen, die ohne Wasser gewachsen
sind, einen Geschmack haben, der die
Gesichtszüge entgleisen lässt.
Was kann man also tun?
> Regenwasser auffangen,
> dafür sorgen, dass der Boden das
Wasser hält,
> Techniken ersinnen, um weniger gie-
ßen zu müssen.

Regenwasser auffangen

Wenn Sie die Möglichkeit haben Regenwasser aufzufangen, dann machen Sie
das. Pro m² Dachfläche erhalten Sie bei
1 mm Niederschlag 1 l Regenwasser. Bei
100 m² Dachfläche und 800 mm jährli-
chem Niederschlag erhalten Sie 80 000 l
Wasser (80 m³).

Die einfachsten Speichersysteme
bestehen aus einem Abzweig im Regen-
rohr und Regentonnen mit dem Fas-
sungsvermögen von 200–1000 l. Je nach
persönlicher Vorliebe kann man zwischen zwei Alternativen auswählen:
> Erhöht platzierte Tonne mit Auslass in
  Gartenschlauch. Der natürliche Was-
  serdruck dient zum Gießen.
> Eingegrabene Tonne. Darin bleibt die
  Wassertemperatur konstant ohne zu
  gefrieren und Mikroalgen und Stech-
  mücken entwickeln sich nicht.

Denken wir an die Tomaten und stellen uns vor, wir hätten 10 Stöcke an
schönen Augusttagen zu bewässern.
Sie bräuchten 40 l pro Tag und ein
200-l-Fass wäre nach 5 Tagen leer. Und
1000 l reichten kaum einen Monat.

Sie könnten auch Brauchwasser[1] verwenden, aber das ist mühselig und sie
werden dessen vielleicht schnell überdrüssig. Gießen darf nicht der einzige
Weg sein. Am besten ist ein Boden, der
das im Winter aufgenommene Wasser
bis in die trockene Jahreszeit speichert.

Eine Mulch- oder Strohschicht hält die Feuchtigkeit
im Boden und schützt vor Austrocknung.

Dafür sorgen, dass der Boden das Wasser hält

Es gibt zwei Typen von Bodenfeuch-
tigkeit: die oberflächliche, und damit
flüchtige, und die tiefe Feuchtigkeit,
auf die man sich bei der Gemüsekultur
meist verlassen kann.

Sobald ab Herbst die Pflanzen ihre
Blätter verloren haben und kein Feuch-
tigkeitsverlust mehr stattfindet, sollte
der Gemüsegarten mit einer Schicht
Mulch bedeckt werden. Damit verhindert man die Bildung von Sturzbächen,
und die Regentropfen können gut in
den Boden eindringen. Mulch verhindert zudem das Austrocknen der Ober-

---

1 Abwasser aus Badezimmer und Wasch-
maschine

Durch einen eingegrabenen Topf kann das Gießwasser direkt an die Wurzeln der Pflanzen gelangen.

Gießen und Hügelbeete

Erhöhte Kulturbeete sind trockener, das Hügelbeet bildet dabei keine Ausnahme. Die konvexe Form führt zu starkem Ablauf des Regenwassers. Es empfiehlt sich daher, am Kamm des Beetes eine Rinne auszuheben, damit das Regenwasser tiefer ins Beet eindringen kann.

Techniken ersinnen, um weniger gießen zu müssen

Man sollte alles daransetzen, dass Pflanzen ein tief reichendes Wurzelsystem entwickeln, um das im Winter gespeicherte Wasser zu erreichen. Gießen sollte als Mittel zu diesem Zweck betrachtet werden. Daher sind zwei Aspekte beim Gießen wichtig:

> **Bei der Aussaat** gießt man die Furchen sorgfältig, damit die keimenden Samen rasch und tief in der Erde wurzeln.
> **Bei Kulturen mit großem Wasserbedarf** sollte man ein System vorsehen, das zum Bewässern in tieferen Schichten wirksam ist. Zum Beispiel der **eingegrabene Tontopf**, den man regelmäßig mit Wasser befüllt. Das Wasser läuft langsam aus und erreicht die tief gelegenen Wurzeln. Die Oberfläche bleibt dabei trocken, was die Bildung von Unkraut verhindert.

Als Grundregel sollte man eine ausgedehnte, reichliche Bewässerung dem täglichen, meist zu geringen Gießen vorziehen, weil bei Letzterem nur eine Befeuchtung der Oberfläche erfolgt. Das nützt eher dem Unkraut als den Kulturen.

fläche. Diese Deckschicht bleibt über das gesamte Jahr liegen, um die Bodenfeuchte zu erhalten.

Wo Mulch an seine Grenzen stößt

Die dauerhafte Mulchabdeckung sorgt sowohl dafür, dass Unkräuter nicht durchkommen, als auch für die Düngung des Bodens. Allerdings gibt es auch Nachteile:

> Mulch verzögert das Erwärmen des Bodens im Frühling.
> Mulch bietet Feldmäusen und Nacktschnecken idealen Unterschlupf.

Gartenabfälle: kostbares Gut

In einem verantwortungsbewusst kultivierten Garten werden Gartenabfälle weder verbrannt noch zur Entsorgung abgefahren. Die Fahrten sind zeitaufwendig und vergeuden Energie. Mist oder Pferdeäpfel begleiteten früher das goldene Zeitalter des Selbstversorger-Gemüsegartens – heutzutage liefern uns dagegen Gemüsegarten und Küche die Mittel zur Bodenverbesserung.

Kompost, was ist das?

Früher standen der Gemüsegarten und der Misthaufen Seite an Seite, doch in unserer heutigen Gesellschaft ist die Verwendung von Dung tierischen Ursprungs eine Ausnahme. Außerdem ist es schwierig, *guten* Mist zu bekommen[1]. Kompost wird oft als Synonym für Mist verstanden und leidet unter einem schlechten Image: übler Geruch, ekelhaft. Und wie üblich sprechen diejenigen am meisten darüber, die nie einen echten Komposthaufen gesehen haben.

Kompost entsteht durch die Zersetzung von pflanzlichen Abfällen und reichert den Boden an. Den Beginn dieses Prozesses markiert ein deutlicher Temperaturanstieg, nachdem der Haufen aufgeschichtet wurde. Die Hand in einen frischen Komposthaufen zu stecken ist eine nette Erfahrung. Kleinstlebewesen, wie Bakterien, Würmer und Asseln kümmern sich um die Umbauprozesse.

---

1 Es gibt zwar viele Misthaufen, aber der Slogan „Antibiotika werden es schon richten"gilt nicht nur für den Menschen...

Pflanzenabfälle aus dem Garten und der Küche nähren den Kompost.

Indem man den Kompost mit kleinen Pflanzenteilen füttert, erleichtert man ihnen die Arbeit. Die Kompostherstellung dauert etwa 1 Jahr. Es handelt sich um ein Produkt, das allmählich heranreift: Frischkompost ist noch nicht völlig verrottet, Fertigkompost ist ein reifer Kompost. Alter Kompost (2–3 Jahre alt) hat kaum noch nährstoffe, kann aber die Bodenstruktur verbessern. Die drei Stadien sind für den Gärtner zu unterschiedlichen Zeiten im Jahr oder für unterschiedliche Kulturen interessant.

Es ist einfach, Kompost herzustellen: Man muss kein „Kompost-Meister"[1] sein, um guten Kompost zu bekommen. Eine Gabel und eine Schubkarre genügen. Dazu kommt noch biologisch abbaubares Material, Luft und Regen. Fehlt eines davon, dann klappt die Zersetzung nicht oder nur schlecht, was nicht so schön ist – es klebt zusammen oder riecht unangenehm. Die Standortwahl für den Komposthaufen ist sehr wichtig. Er braucht Sonne, aber nicht zu viel, und Wasser, doch nicht übermäßig. Man sollte den Komposthaufen regelmäßig mit einer Gabel wenden, um ihn zu belüften. In trockenen Sommern sollte man ihn gießen und bei großer Kälte abdecken. Kompost wird direkt auf dem Erdboden angelegt, damit ein Austausch erfolgen kann.

Wer klug ist, errichtet den Komposthaufen nicht weit vom Haus entfernt. Es ist nämlich äußerst unpraktisch, wenn man im Regen erst quer durch den Garten laufen muss, um ein Sieb mit Abfällen aus der Küche auszuleeren.

Kompost ist ein wertvolles Gut für den Gärtner.

---

1 Dieser Titel ist erstaunlicherweise unter den Gärtnern derzeit sehr in Mode.

Wirkung von gutem Kompost

Kompost ist ein unglaublicher Alleskönner: Wenn Sie ihn in den Boden einbringen, arbeiten Sie einen Dünger ein, der die Bildung von Humus begünstigt und Regenwürmer ernährt, die diesen Prozess noch weiter beschleunigen. Ist der Boden zu leicht, zu wasserdurchlässig, so erhält er durch Kompost eine bessere Struktur und hält danach die Feuchtigkeit besser. Ist er zu schwer, wird der Boden durch Kompost krümeliger.

Was kommt auf den Kompost?

Man sollte die Frage eher umgekehrt stellen. Was gehört nicht dahin? Fleisch- und Fischabfälle (weil man damit Tiere anlockt, die zwei große Hauer und einen langen Schwanz haben) sowie Knochen und Schalen von Krustentieren kommen nicht auf den Kompost.

Vieles macht auch einfach keinen Sinn, z. B. Papier, Plastik usw.

Durch Kompostieren kann man folgendes zu Dünger recyceln:

> Küchenabfälle (Obst- und Gemüsereste);

> Gartenabfälle, nachdem man sie klein gehäckselt hat; Rasenschnitt wird schrittweise untergemischt.

Von Krankheiten befallene Pflanzen
(Tomaten mit Kraut- und Braunfäule)
oder Unkräuter mit reifen Fruchtstän-
den werden nur zu großen (z. B. kom-
merziellen) Komposthaufen beigege-
ben, in denen die Temperatur über 70 °C
ansteigt. Sämereien und Erreger werden
darin „gegrillt".

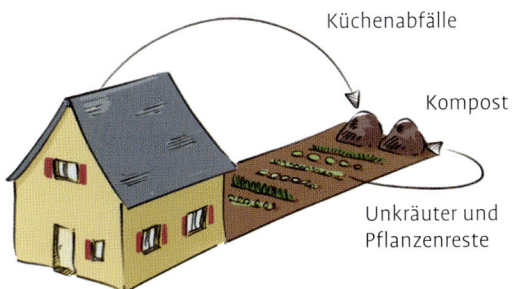

Küchenabfälle

Kompost

Unkräuter und
Pflanzenreste

Komposthaufen oder Schnellkomposter?

Die Art des Kompostierens hängt von der
voraussichtlichen Menge von Grünabfällen ab. Je mehr Masse, desto aktiver der
Prozess. Man legt den Komposthaufen
daher abhängig von Gartengröße und
Menge der verfügbaren Abfälle an.

In großen Gärten
Die einfachste Lösung ist ein **Komposthaufen**, den man zum Belüften in
Längsrichtung umsetzt, erst nach rechts
und einige Wochen später wieder nach
links. Es gibt keine Einschränkungen
hinsichtlich des Grünabfalls. So ist es
ganz einfach.

In kleinen Gärten
Geringes Abfallaufkommen sollte man
in einem **Schnellkomposter** entsorgen.
Man bekommt sie bei Bauhöfen (aus
Plastik oder imprägniertem Holz) oder
baut sie selbst aus Euro-Paletten, was
nicht hässlich sein muss.

Schnell wird man feststellen, dass
die Düngung des Gemüsegärtchens auf
diese Art etwas komplizierter ist. Man
wird versuchen, die Bodenstruktur so
wenig wie möglich zu zerstören, um
möglichst viel Humus zu erhalten. Dazu
könnte man sich an **Flächenkompostie-
rung** versuchen. Das sieht nicht besonders schön aus, ist aber sehr effizient.
Bevor man viel Zeit damit vergeudet,

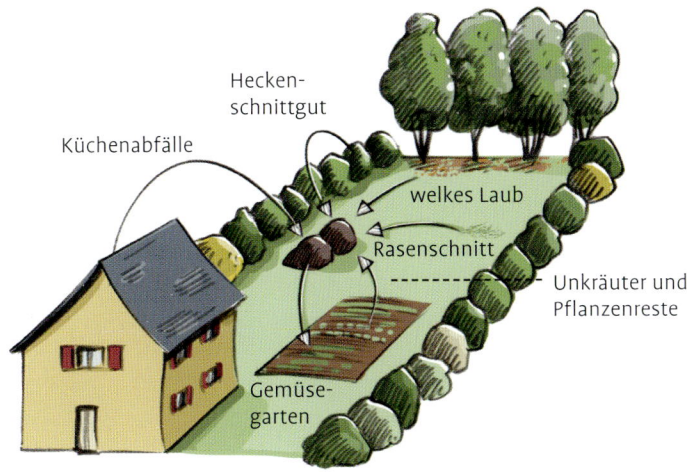

Heckenschnittgut
Küchenabfälle
welkes Laub
Rasenschnitt
Unkräuter und
Pflanzenreste
Gemüsegarten

dem Schnellkomposter einen mageren Kompost zu entlocken, kann man die Abfälle auch direkt zwischen den Kulturen ausbringen und dadurch eine Schutzschicht bilden, die auch noch den Regenwürmern Nahrung bietet.

Kompostwege

Ich habe in meinem Garten die „Kompostwege" nicht ausprobiert, weil ich sie nicht brauche. Aber ich halte die Idee bei kleinen Gemüsegärten für wohldurchdacht. Bei diesem Prinzip wird auf allen Wegen und Pfaden Grünabfall, welkes Laub, Häckselgut und gerade ausgerissenes Unkraut verstreut. Küchenabfälle lässt man natürlich weg. Das versteht sich wohl von selbst.

Die Wege werden leicht gelockert und man bringt dort die Grünabfälle in direkten Kontakt mit der Erdoberfläche, um den Stoffaustausch und die Zersetzung zu fördern. Nach einiger Zeit verteilt man den Kompost auf die Kulturbeete. Der Ansatz spart das Umsetzen

hier kommt der Grünabfall her

zersetzte Grünabfälle wandern als Kompost in die Beete

Häckselgut und Unkraut

des Komposts. Er bietet zudem den großen Vorteil, dass kein Unkraut auf den Gartenwegen wachsen kann.

Wurmkompost für den Gemüsegarten?

Während beim gewöhnlichen Kompostieren die organischen Stoffe durch Wärme und Bakterien in Humus umgesetzt werden, sorgt bei Wurmkompost[1] die Verdauung durch Würmer (*Eisenia* sp.) für diesen Prozess. Das ist ein markanter Unterschied.

Die Tierchen sind derzeit groß in Mode und viele Gartenbesitzer machen sich ohne große Erfahrung an die Zucht der Würmer. Wurmkompost hat jedoch seine Grenzen. Mengenmäßig eignet er sich eher für Zimmerpflanzen als für einen kleinen Gemüsegarten. Ein funktionierender Wurmkomposter kann bei speziellem Einsatz sehr nützlich sein, z. B. im Winter für das Recycling von Küchenabfällen, wenn man nicht nass werden will.

Wurmkompost eignet sich sehr gut für die winterliche Aussaat von Pflanzen im Gewächshaus oder auf der Fensterbank, und mit übrigen Würmern kann man zügig die Kulturbeete beleben. Die Würmer, die auch scherzhaft „Schwarzarbeiter" genannt werden, haben großen Anteil an einem lebendigen Substrat und wandeln die pflanzlichen Abfälle in einen reichhaltigen Dünger um. Sollte die Erde Ihres Gemüsegartens fruchtbar sein und die dauerhafte Abdeckung der Oberfläche den Würmern gute Lebens-

1 Man sollte nicht von „Regenwurmkompost" sprechen, denn die beteiligten Würmer sind keine Regenwürmer.

Eisenia-Zucht

> Graben Sie mit der Hand ein kleines Loch in den Boden.
> Füllen Sie Gemüseschalen und grüne Küchenabfälle ein.
> Nehmen Sie eine oder zwei Handvoll Würmer aus dem Wurmkomposter und setzen Sie sie auf die Abfälle. Die Würmer scheuen das Licht und werden sich schnell zum Schutz im Boden verkriechen.
> Bedecken Sie das Ganze mit feuchter Pappe und dann einer dicken Mulchschicht (Laub, Gras, Kompost), damit die Würmer sich wohlfühlen

Achtung: Trauen Sie den frei laufenden Hühnern nicht über den Weg, die den Gemüsegarten im Winter ordentlich halten – sie finden eine Wurmzucht ganz hervorragend!

Würmer der Gattung *Eisenia* sind die Helden im Wurmkomposter.

bedingungen durch Wärme und Nahrung bieten, werden Sie die Würmer nach wenigen Kulturphasen antreffen und sehen, wie sie sich vermehren. Um diesen Vorgang zu beschleunigen, kann man auch ein Plätzchen zur Zucht anlegen.

Der Garten ist ein entstehendes Ökosystem

Wenn ein Gemüsegarten nicht gut gedeiht, dann herrscht womöglich ein Ungleichgewicht. Gärtnern bedeutet, dass man aus dem Garten ein System macht, das im Gleichgewicht ist. Durch das Kompostieren entsteht ein Gesamtsystem, in dem der Garten seinen eigenen Bedarf deckt. Das Ziel wäre „kein Eintrag von außen" (Pflanzenschutzmit-

tel oder Dünger) und „keine Entnahme" (Grünabfälle, Rasen- und Baumschnitt). Übrigens ist das nicht schwierig. Um den Boden nicht durch bestimmte Mittel verbessern zu müssen, z. B. durch die Zugabe von Kalk zur Erhöhung des pH-Wertes[2], sollte man das Auto stehen lassen und sich lieber der eigenen Kompostherstellung widmen oder den ersten Schritten auf dem Weg zu einem respektablen Umgang mit den Böden und den Pflanzen – durch die Bearbeitung des Bodens oder durch die Wetterbeobachtung.

---

2 Der pH-Wert misst die Wasserstoffionenkonzentration auf einer Skala zwischen 1 und 14 und gibt an, ob ein Boden sauer oder basisch ist. Um den Wert 7 spricht man von einem neutralen pH-Wert.

Gesunder Garten durch Fruchtwechsel

Der Gemüsegarten ist ein großer Abenteuerspielplatz. Man mag den Garten nach eigenen Ideen anlegen und eigene Strategien beim Anbau verfolgen, trotzdem kann man nicht immer nur machen, was man will. Wenn man sich nach den Anweisungen auf der Rückseite der Saatgutpäckchen richtet, gelingt der Anbau aber auch nicht zwangsläufig. Sie sind oft knapp formuliert. Man muss wissen, dass die Aussaat trotz aller Wichtigkeit nur einen kleinen Anteil am Anbauerfolg hat.

Gemüseanbau laugt den Boden aus und fördert das Entstehen von Krankheiten. Vergleichen wir es einmal mit den Menschen: Manche mögen es süß, andere herzhaft. Auch die Gemüse bevorzugen unterschiedliche Ressourcen, die sie im Boden vorfinden.

Ein traditioneller Garten mit optimal genutzter Anbaufläche.

Der Boden besteht aus zahlreichen Nährstoffen, wobei Stickstoff (N), Phosphor (P) und Kalium (K) die bekanntesten sind – das berühmte Trio NPK. Wenn man an einer Stelle fortwährend Gemüse anbaut, das viel Stickstoff verbraucht, dann wird diese Ecke schließlich völlig ausgelaugt sein. Und wenn man ständig die gleichen Arten an derselben Stelle kultiviert, können verstärkt unerwünschte Pflanzenkrankheiten dieser Arten auftreten.

Daher haben die Gärtner Maßnahmen erdacht, damit zwei Kulturen derselben Gattung im Laufe eines Jahres (für kurze Kulturen) oder in aufeinander folgenden Jahren (bei lange dauernden Kulturen) nicht in Folge an einer Stelle stehen.

Dazu braucht man lediglich ein Rotationssystem (Fruchtwechsel), was am einfachsten ist, wenn man das Gemüse vorher in Klassen einteilt.

Pflanzensystematik bei Gemüse

Eine gute Gartenanlage beginnt oft mit dem Sortieren des Saatgutes. Man muss nur die geeigneten Ordnungskriterien finden. Drei Kriterien können nützlich sein: die botanische Pflanzenfamilie, die Einordnung nach essbaren Pflanzenorganen (also die Pflanzenteile, die verzehrt werden, wie Blatt, Frucht etc.) und der Nährstoffbedarf der Art.

1. Klassifizierung nach botanischen Pflanzenfamilien

In unseren Gemüsegärten sind nicht besonders viele Pflanzenfamilien vertreten. Die Pflanzen einer Familie haben denselben Nährstoffbedarf, entwickeln dieselben Krankheiten und widerstehen denselben Parasiten. Zum Beispiel die Solanaceae, Nachtschattengewächse, sind anfällig für Kartoffelkäfer. Daher sollte man auf den Kartoffelanbau keine Tomaten folgen lassen.

Alliaceae	Knoblauch, Lauch, Schalotte, Schnittlauch, Zwiebel
Apiaceae	Möhre, Pastinake, Petersilie, Sellerie, Staudensellerie
Asteraceae	Endivie, Kopfsalat
Brassicaceae	Kohl, Radieschen und Rettich, Salat-Rauke, Weiße Rübe
Cucurbitaceae	Einmachgurke, Kürbis, Melone, Schlangengurke, Zucchini
Fabaceae	Buschbohne, Erbse, Feuer-Bohne, Stangenbohne
Solanaceae	Aubergine, Kartoffel, Paprika, Peperoni, Tomate

2. Klassifizierung nach essbaren Pflanzenorganen

Man kann das Gemüse auch danach einordnen, was den Gärtner und seine Familie unter dem Gesichtspunkt „Verspeisen" interessiert: Blätter, Blüten, Früchte, Hülsenfrüchte, Wurzeln, Zwiebeln. Diese Ordnung ist besonders praktisch für Menschen, die nach den Mondphasen[1] gärtnern, denn nach der Passage des Mondes durch die Sternzeichen richtet sich das Säen, Pikieren usw. der jeweiligen Gemüsegruppe. Daran orientiert sich auch das Gartenjahr – und wenn Ihr Horoskop Ihnen zudem einen günstigen Monat verheißt, dann legen Sie los!

Der Nährstoffbedarf der Gemüse steht in engem Zusammenhang mit dem Pflanzenteil, der am meisten entwickelt ist. Und man sollte in der Abfolge der Kulturen vermeiden, dass Pflanzen der gleichen Gruppe aufeinanderfolgen. Eine Ausnahme bildet die Tomate, doch dies entzieht sich bislang jeglicher Logik[2].

Blattgemüse	Kohl, Kopfsalat, Pflücksalat, Spinat
Blütengemüse	Artischocke, Blumenkohl, Brokkoli
Fruchtgemüse	Aubergine, Einmachgurke, Paprika, Peperoni, Schlangengurke, Tomate, Zucchini
Hülsenfrüchte	Buschbohne, Erbse, Feuer-Bohne, Stangenbohne
Wurzelgemüse	Kartoffel (ist eigentlich eine Sprossknolle, also kein Wurzelgemüse), Knollensellerie, Möhre, Pastinake, Rote Bete, Weiße Rübe
Zwiebelgemüse	Knoblauch, Schalotte, Zwiebel

3. Einordnung gemäß Nährstoffbedarf

Gemüse benötigen unterschiedliche Nährstoffmengen. Manche brauchen alljährlich große Kompostfuhren, während andere mit nichts auskommen, die Bodenstruktur verbessern oder Stickstoff binden. Der Grundgedanke ist, dass man auf eine Kultur, die einen reich gedüngten Boden benötigt, nicht direkt eine andere ausbringen sollte, die sich mit magerem Boden begnügt.

Anspruchsvolles Gemüse (mit einem Jahresbedarf von über 6 kg[3] Kompost pro m²)	Blattgemüse: Kohl, Kopfsalat, Lauch, Pflücksalat, Spinat Fruchtgemüse: Aubergine, Einmachgurke, Paprika, Peperoni, Schlangengurke, Tomate, Zucchini
Mittelmäßig anspruchsvolles Gemüse (mit einem Jahresbedarf von 3–6 kg Kompost pro m²)	Wurzelgemüse: Kartoffel, Knollensellerie, Möhre, Pastinake, Rote Bete, Weiße Rübe Zwiebelgemüse: Knoblauch, Schalotte, Zwiebel
Genügsames Gemüse	Hülsenfrüchte: Buschbohne, Erbse, Feuer-Bohne, Stangenbohne

---

1 Und auch ohne den Gemüseanbau sind die Auswirkungen des Mondes nach dem Mondkalender zweifelsfrei ersichtlich.

2 Es scheint, als ob die Abfallprodukte der Tomatenwurzel die Stöcke des Folgejahres stärkten. Wissenschaftler sprechen dabei von einer „positiven Rückreaktion".

3 Diese Mengenangabe dient lediglich der groben Orientierung.

Hülsenfrüchte   Fruchtgemüse   Zwiebelgemüse

Sonderfälle

Die Einordnung anhand der Organe, die verzehrt werden, ist einfach und praktisch, aber in einigen Sonderfällen untauglich. Der Spargel wäre dann das einzige Gemüse auf der Basis „Sprosse". Damit er sich nicht so einsam fühlt, könnte man ihm den Spargel-Salat[4] zur Seite stellen.
Lauch ist ein ganz besonderer Fall, denn bei Aussaat zählt er zum Blattgemüse und nach Auspflanzung gehört er zum Wurzelgemüse.

Planung der Rotation

Im Gemüsegarten gibt es Arten, die Sie alljährlich neu anbauen[5], und solche, die Sie für mehrere Jahre setzen und die jedes Frühjahr wieder aus dem in der Erde überwinternden Pflanzenteil austreiben (mehrjährige Stauden, z. B. Rhabarber oder Beerenfrüchte), oder auch Arten, die nach der Pflanzung jahrzehntelang stehen bleiben (Obstbäume). Daher gibt es in einem Garten Gewächse, die oft, selten oder gar nicht ersetzt werden.

Die **Fruchtwechsel** beziehen sich auf das Gemüse. Man plant eine Rotation

---

4 Das ist ein hoch aufwachsender grüner Salat, von dem man den Spross isst.

5 Einjährige und dazu noch die Zweijährigen, die wie Einjährige kultiviert werden (z. B. Möhren)

innerhalb des Gemüsegartens, um zu verhindern, dass gleiche Familien oder Gruppen nacheinander am selben Platz stehen. Dabei unterscheidet man den Fruchtwechsel innerhalb einer Saison und den Fruchtwechsel über einen Zeitraum von mehreren Jahren.

Fruchtwechsel innerhalb einer Saison. Er betrifft die Gemüsearten, die einen raschen Vegetationszyklus (Aussaat bis Reife) zeigen und die die gleiche Zugabe an Nährstoffen brauchen, aber nicht zur gleichen Pflanzenfamilie oder zur gleichen Gruppe gehören. Wenn z. B. die Bohnen (Hülsenfrüchte) abgeerntet sind, machen sie Platz für Salat (Blattgemüse), auf den dann Winterrettich (Wurzelgemüse) folgt.

Fruchtwechsel über mehrere Jahre. Es dauert mindestens 2 Jahre, bis man dieselbe Kultur an einem Standort wieder anbauen kann. Erfolgreicher ist man aber mit einer Rotation über 4–5 Jahre. Allerdings kann man auch den Wechsel über 3 Jahre hinweg planen. Dabei beachtet man die drei Kriterien Pflanzenfamilie, Typus und Nährstoffbedarf. Auch wenn man sich dabei regelrecht den Kopf zerbrechen muss, gibt es doch einige Erleichterungen.

Abhängig von Ihrer Auswahl ist die Anwendung des Rotationsprinzips einfach oder schwierig. Zur Vereinfachung ist es sinnvoll, die Beetfläche in so viele Segmente zu teilen wie die geplante Anzahl der Jahre für den Fruchtwechsel beträgt. Man geht dann von Beet zu Beet oder reihenweise vor.

In der Praxis zeichnen Sie am besten einen Plan in Ihr Gartentagebuch.[1] Nebenstehend sehen Sie ein Muster eines Rotationsplanes über 4 Jahre auf vier Parzellen A–D, aber Sie können ihn selbstverständlich jederzeit für den eigenen Garten anpassen.

Der jährliche Wechsel richtet sich nach dem Nährstoffbedarf der Pflanzen, man beginnt mit den Anspruchsvollen und endet mit den Genügsamen:

> Eine Parzelle wird stark mit Kompost angereichert und mit anspruchsvollen Blattgemüsen bebaut.
> Die zweite Parzelle für die Fruchtgemüse wird nicht so üppig gedüngt. Stellenweise gibt man aber so viel wie in Parzelle eins bei, zum Beispiel für die Tomatenstöcke.
> In der dritten Parzelle werden Wurzelgemüse (Rote Bete, Möhren) mit wenig Kompost oder Zwiebelgemüse ganz ohne Düngung angebaut.
> In die vierte Parzelle kommt gar kein Kompost, da man dort die Hülsenfrüchte zur Bodenverbesserung pflanzt.

---

1 Ein Gartentagebuch ist sehr praktisch. Es ist ein Heftchen, in dem man eigene Erfahrungen, Aussaatdaten und Wetterbeobachtungen notiert.

Beispiel für einen Fruchtwechsel

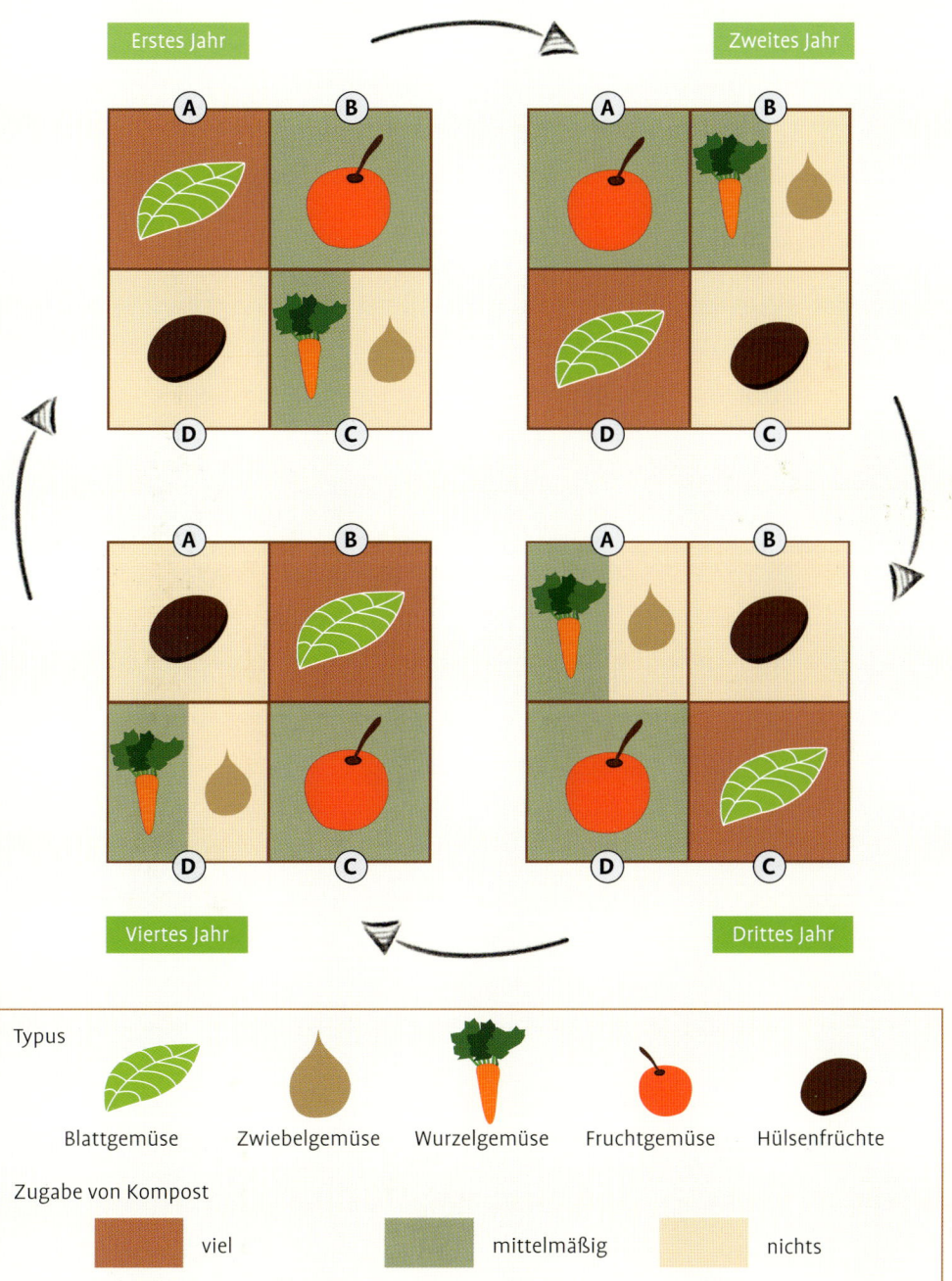

Erstes Jahr

Zweites Jahr

Viertes Jahr

Drittes Jahr

Typus

Blattgemüse Zwiebelgemüse Wurzelgemüse Fruchtgemüse Hülsenfrüchte

Zugabe von Kompost

viel mittelmäßig nichts

Pflanzengemeinschaften bilden

Nach Jahrhunderten empirischer Betrachtung und guten gärtnerischen Gespürs wurde die Vergesellschaftung von Pflanzen zu einem unumstößlichen Grundsatz der biologischen Gemüsegärtner. **Allelopathie**, und nur darum handelt es sich, betrachtet die begünstigenden oder ungünstigen Wechsel-wirkungen zwischen nebeneinander stehenden Pflanzen. Diese Wechselwirkungen können auf chemischen oder physischen Prozessen beruhen und in der Luft oder unterirdisch entstehen.

Am häufigsten zeigen sich diese Effekte darin, dass benachbarte Pflanzen sich nicht entwickeln oder kei-

Die Kombination von Lauch und Möhren bildet eine bewährte Pflanzengemeinschaft.

Pflanze	Knoblauch	Basilikum	Möhre	Petersilie	Lauch/Zwiebel	Tomate
Günstige Gesellschafter	Rote Bete Möhre Erdbeere Tomate (und alle profitieren von einem Standort unter Obstbäumen)	Aubergine Gemüse- und Gewürzpaprika Tomate	Zwiebel (die Kombination Möhre–Zwiebel–Lauch kann reihenweise im Wechsel erfolgen) Lauch	Lauch Erbse Radieschen und Rettich Tomate	Möhre	Möhre Zwiebel Petersilie Lauch Paprika
Ungünstige Gesellschafter	Kohl Bohne Erbse		Minze Dill		Kohl Bohne	Aubergine Rote Bete Kartoffel

men. Unbeabsichtigt kommt es auch zu guten Gespannen. Die Wirkung von Zwiebeln und Möhren auf die an der jeweils anderen Art zehrenden Fliegen ist unstrittig.

Viele Autoren widmen sich dieser Problematik, doch ihre Schlussfolgerungen sind oftmals widersprüchlich. Jüngere kanadische Studien zeigen, dass die Vergesellschaftung von Lein und Kartoffeln nicht die erhoffte Wirkung auf die Kartoffelkäfer hatte.

Man sollte sich jedoch die Mühe machen, genau hinzusehen. Wenn man die förderlichen Gemeinschaften kennt, kann man durchaus den Ertrag eines Gemüsegartens steigern. Doch diese Erkenntnisse erwirbt man sich über einen längeren Zeitraum und nach einigen Experimenten im eigenen Gemüsegarten. Für den Anfang mag die Basisinformation genügen.

Gute und schlechte Gesellschafter

Die Beobachtungen der Gärtner zeigen einige Beispiele für Pflanzengemeinschaften, auf die man schon mit der ersten Aussaat achten sollte. Im Standort- und Fruchtwechselplan der Gemüse sollte man versuchen, gewisse Arten entweder ganz nahe beieinander oder möglichst weit entfernt unterzubringen. Die Tabelle oben listet einige bewährte Pflanzengemeinschaften auf.

Pflanzung auf engstem Raum zur Platzersparnis

In einem kleinen Gemüsegarten ist der Platz kostbar, vor allem wenn sich der drängende Wunsch nach neuen Kulturen einstellt. Die Vergesellschaftung von morphologisch passenden Pflanzen erlaubt die optimale Nutzung der Fläche und man gewinnt hier und da einige Quadratmeter Anbaufläche hinzu. Es gibt unterschiedliche Vorgehensweisen:

> **Anbau von Kulturen mit kurzer Vegetationsphase in einer gemeinsamen Reihe:** Das beste Beispiel hierfür wären Möhren und Radieschen (siehe S. 98). Bei der Radieschenernte werden die Möhren ausgedünnt.

> **Zwischenanbau:** Dabei setzt man eine Reihe Gemüse mit kurzer Anbauphase zwischen zwei Reihen mit etwas längerer. Salate eignen sich besonders, um die Löcher zu füllen.

Mais und Bohnen in Gesellschaft.

> **Ausnutzung des Schattens** bei Kulturen mit unterschiedlich gestaltetem oberirdischem Wuchs. Niedrige Arten wirken als Bodendecker unter Gemüse mit starkem Wuchs und halten den Boden kühl, wie z. B. Erdbeeren zusammen mit Lauch. Ebenso können auch die Quadratmeter unter den Obstbäumen genutzt werden, wenn man Petersilie, Salat und Salat-Rauke dort sät. Man sollte aber wegen der Konkurrenz um das Wasser nichts pflanzen, was tief wurzelt, auch damit die Wurzeln der Bäume beim Ausreißen keinen Schaden leiden.

> **Vergesellschaftung von Arten mit unterschiedlicher Bewurzelung.** Oft werden wegen der offensichtlichen Vorteile Kürbis, Mais und Bohnen zusammen kultiviert. Der Kürbis dient als Bodendecker und der Mais als Rankhilfe für die Bohnen. Aber außerdem hat diese Gemeinschaft noch den Vorteil unterschiedlicher Wurzelsysteme, die nicht konkurrieren.

Dazu noch Blumen ...

Auch wenn der Gemüsegarten als Produktionsstätte für Früchte und Gemüse dient, sollte man die Blumen nicht vernachlässigen. Gänseblümchen, Ringelblumen, Studentenblumen und Kosmeen finden darin ihren Platz. Sie sind für alle eine Wohltat.

> **Sie sind hübsch** und ihre Präsenz bringt Poesie in den Gemüsegarten, sie heitern auf und gliedern. Man kann mit den Farben oder Formen spielen. Von Lupinen flankierte Wege sind besonders schön.

> **Sie locken Nützlinge an,** die bei unseren Kulturpflanzen die Bestäu-

Blumen im Gemüsegarten halten die Kulturen gesund und den Gärtner bei Laune!

bung oder den Kampf gegen Schädlinge unterstützen. Margeriten und Sonnenhut locken Marienkäfer und Florfliegen an, die sich der Blattläuse annehmen, während die Astern unsere Bienen ernähren.

> **Sie locken Schädlinge an,** wozu man sie abseits pflanzt (Kapuzinerkresse).
> **Sie halten Fraßfeinde fern,** wie z. B. Schafgarbe und Kamille. Generell sollte man im Garten so viele Gewürzpflanzen wie möglich setzen: Salbei, Minze, Meerrettich, *Pyrethrum*.

> **Sie enden auf unseren Tellern** als Beigabe zu Salaten und kalten Gerichten. Früher wurden auch Dahlien zum Verzehr angebaut.

Borretsch im Gemüsegarten ist in dieser Hinsicht besonders brauchbar. Die blauen Blüten sind hübsch, locken Nützlinge wie Schwebfliegen an und dienen als Bienennahrung. Wir essen überdies die Blüten, die leicht nach Austern schmecken und die Blätter sind ein toller Ersatz für das Aroma der Gurke.

Die Fläche optimal nutzen

Ein kleiner Gemüsegarten bedeutet, dass man zwei absolut gegensätzliche Voraussetzungen in Einklang bringen muss – den begrenzten Raum und die grenzenlosen Ambitionen des Gärtners. Damit muss man zurechtkommen, was nicht immer leichtfällt. Es gilt Vorausschau, Anpassungsfähigkeit, manchmal Wagemut und vor allem Experimentierfreude zu zeigen. Im Laufe der Jahre lernt man, aus der Scholle das meiste herauszuholen. Bis dahin sollte man einige Tricks kennen und einige Tücken vermeiden lernen.

Auf kleinem Raum kann man Platz in der Höhe gewinnen, hier mit Stangen für rankende Erbsen.

Ähnliche Kulturen zusammen gruppieren

Das scheint den Ausführungen über Pflanzengemeinschaften zu widersprechen, aber es ist für alle nützlich, wenn man durch solche Gruppierungen kürzere Wege hat. Beispielsweise ist es für denjenigen, der das Essen bereitet, bequemer, wenn die Gewürze in einem hausnahen Beet zusammen stehen. Aus den gleichen Beweggründen neigt man dazu, auch die Beerensträucher zusammen zu pflanzen.

Die Zusammenstellungen können pro Beet oder pro Pflanzreihe erfolgen.

Platzmangel durch Höhe ausgleichen

Eine verlockende Idee, die aber große Sachkenntnis verlangt. Kleine Gärten sind deutlicher den Effekten von Licht und Schatten ausgesetzt als große. Man kann Ranksysteme für Kürbis, Bohne oder Einmachgurke aufstellen, sollte aber darauf achten, dass sie die anderen Pflanzen in ihrem Wuchs nicht einschränken.

Die Kulturen ranken an Holzgittern, Metallstrukturen oder gespannten Drähten und Schnüren. Ihrer Fantasie sind hinsichtlich der Gestaltung auf der Grundlage der drei Grundformen Pyramide (1), Portal (2) oder Reihengerüst (3) keine Grenzen gesetzt.

Die Portalform schafft viel zusätzliche Anbaufläche, weil man sie über Wegen einsetzen kann, und sowohl dem Gärtner als auch seinen Kindern bietet sie ein spielerisches Element. Diese Form wird auch in einigen Schlossgärten eingesetzt, wenn Wege unter Kürbistreillagen verlaufen. In unseren kleinen Gärten wüssten wir aber gar nicht, was wir mit einer solchen Menge von Kürbissen machen sollten, also bescheiden wir uns mit Bohnenlaubengängen, die ebenso nett sind. Die Spanische Bohne eignet sich dazu sehr gut.

Vertikaler Anbaut bietet zahlreiche Vorteile:

> Man kann einem Garten Volumen und Gestalt geben, damit er hübscher aussieht und besser als Wohnambiente taugt.
> Der Ertrag pro m² Kultur ist oftmals höher.
> Hoch aufwachsende Kulturen bieten empfindlichen, niedrigen Kulturen einen sinnvollen Wind- und Sonnenschutz.
> Man hat weniger Rückenschmerzen bei der Ernte. Man sagt in Frankreich, wenn jemand Buschbohnen erntet „Die Erde ist tief unten" und sieht im Gegenzug ein säuerliches Lächeln.

Bei den Obstbäumen gibt es Säulenformen, sodass man ernsthaft an verschiedene Apfelsorten auf kleiner Fläche denken kann. Dies wird im zweiten Teil noch weiter ausgeführt.

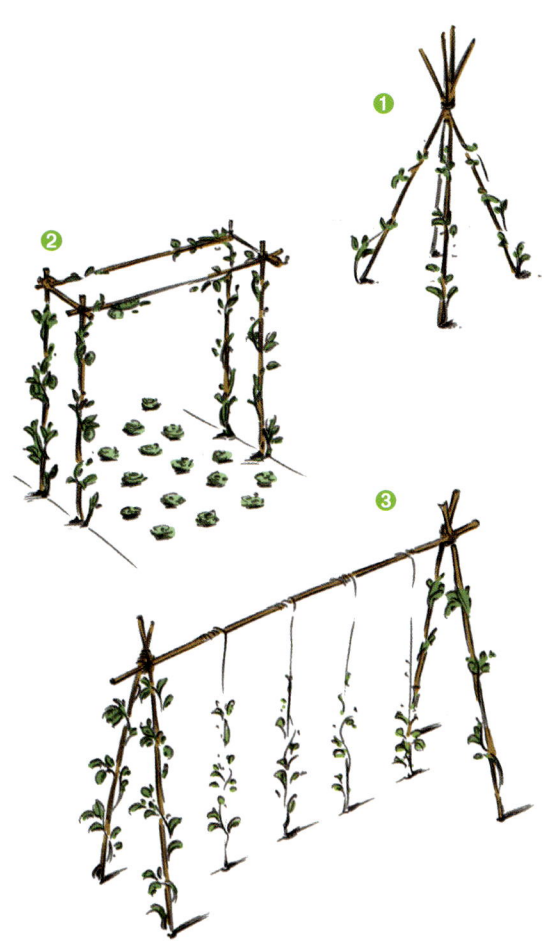

Wege einsparen

Von Rasen bewachsen, mit Rindenhäcksel eingestreut oder aus Kies, die Wege kosten Raum, Material und Zeit zur Pflege. Am schnellsten sind Rasenwege angelegt, aber sie müssen mehrmals im Jahr mühsam (wegen der Biegungen und Ecken) gemäht werden. Die Anlage mit Steinen oder Hackschnitzel ist zeitaufwendig und mühsam, aber die spätere Pflege ist einfach.

Im traditionellen Gemüsegarten ist die Verwendung von Bohlen zwischen den Kulturen üblich. Man betritt sie ohne dabei das Substrat zu verdichten.

Der Gärtner muss sich irgendwie durch den Gemüsegarten bewegen. Doch wie wir schon gesehen haben, ist die Verdichtung des Substrats das schlimmste, was im Gemüsegarten passieren kann. Man braucht also die Wege, um nicht in den Kulturen herumzutrampeln. Und ein Weg kostet Fläche. Sie sollten bequem sein und breit genug, dass ein Schubkarren zum Komposttransport problemlos durchkommt. Bei kleinen Gemüsegärten muss man jedoch einen Kompromiss finden: Ihr Platzbedarf sollte gering sein, damit genug Fläche zum Anbau bleibt.

Um nicht in die Kulturen treten zu müssen, sollte die Parzellenmitte mit ausgestrecktem Arm erreichbar sein. Rechnet man mit Großen und Kleinen sowie Erwachsenen und Kindern, so kommt man auf einen Mittelwert von gut 60 cm. Die Breite einer Kultur sollte 1,20 m nicht überschreiten.

In dieser Hinsicht sind die **Quadratbeete** optimal, doch benötigt man viel Fläche für die Wege rundum.

Zieht man die Quadrate zu **Beetreihen** in die Länge, gewinnt man schon etwas Anbaufläche. Auf einer Grundfläche von 10 × 10 m (100 m²) und bei Wegen von 50 cm Breite kann man 25 Beetquadrate oder 5 Rechteckbeete anlegen.

Es ist offensichtlich, dass die Konzeption des Gartens auch die Planung der Wege bedingt.

Unsere Vorväter haben sich nicht um Beetreihen oder Quadratbeete gekümmert. In einem **traditionellen Garten** wird die Fläche optimal genutzt, aber man betritt die Kulturen. Man könnte in den Zwischenräumen Pfade mit Klee einsäen oder ein Holzbrett auslegen. Zwei große Beetflächen durch einen Weg getrennt, das ist einfach, aber wirkungsvoll.

Wenn Sie sich nun Gedanken um Ihre Anlage machen, sollten Sie immer daran denken, dass jedes Konzept Vor- und Nachteile hat. Nichts ist endgültig, doch Sie werden eine Lösung finden, die Ihren Vorstellungen entspricht.

Verhältnis von Wegen und Anbaufläche je nach Grundkonzeption (bei einer Gartenfläche von 100 m²)

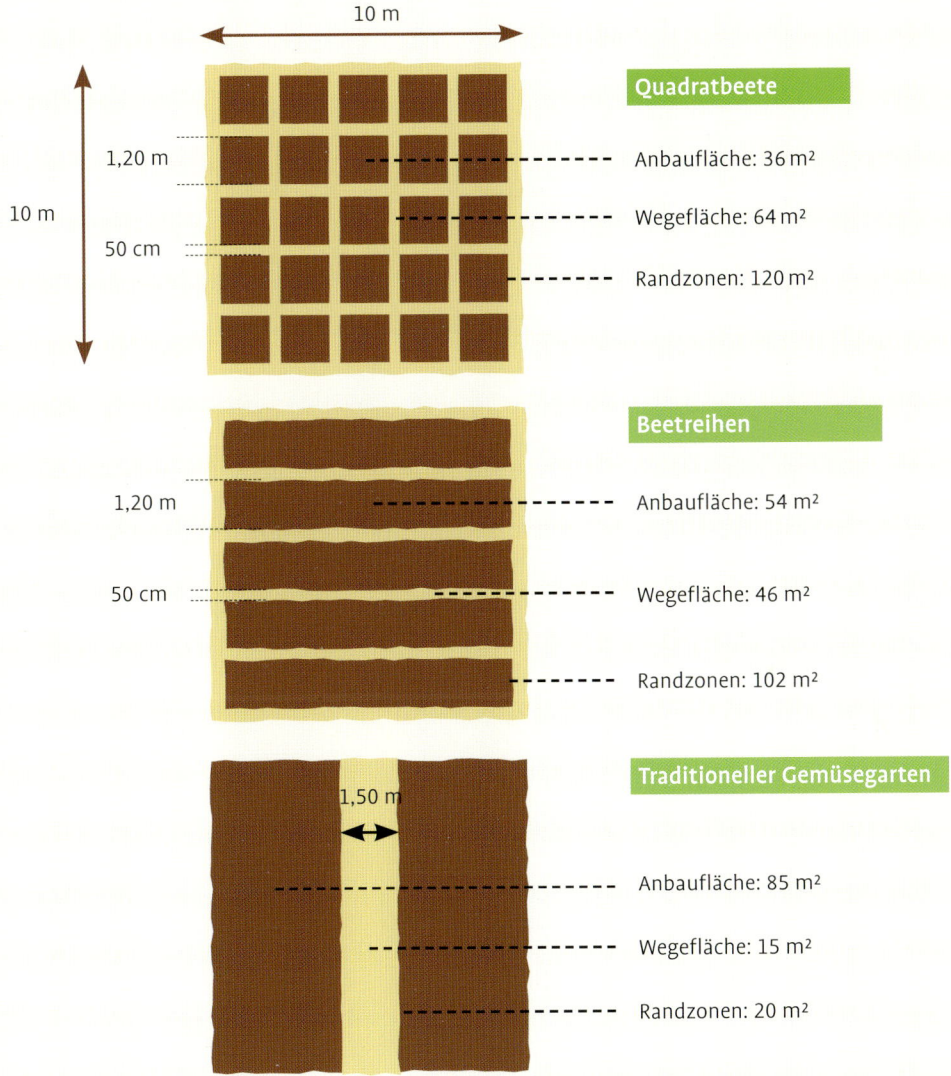

10 m

10 m

Quadratbeete

1,20 m

50 cm

Anbaufläche: 36 m²

Wegefläche: 64 m²

Randzonen: 120 m²

Beetreihen

1,20 m

50 cm

Anbaufläche: 54 m²

Wegefläche: 46 m²

Randzonen: 102 m²

Traditioneller Gemüsegarten

1,50 m

Anbaufläche: 85 m²

Wegefläche: 15 m²

Randzonen: 20 m²

Quadratbeete vereinfachen die Gartenarbeit, vergeuden aber viel Platz für das Wegeraster und für die Randbereiche der Beete.

Beetreihen, also Rechteckbeete mit Reihenkultur, sind gut zugänglich und vergeuden dabei weniger Anbaufläche. Die Randflächen bleiben trotzdem bemerkenswert umfänglich.

Traditionelle Gemüsegärten weisen die größte Anbaufläche mit einem Minimum an kritischen Randflächen auf, aber man muss die Kulturen betreten.

Viele Wege vereinfachen die Gartenarbeit, nehmen aber auch viel Raum ein. Das sollte man bei einem kleinen Garten gut überlegen.

Besser ohne Beeteinfassung

Die vorstehenden Schemata zeigen deutlich die Auswirkung der Beetränder, die man oft übersieht. Je mehr der Garten eingeteilt ist, desto mehr rücken auch die Einfassungen in den Vordergrund. Eine beliebte Mode der erhöhten Gestaltung (auch bei fetten Böden) sind mit Kästen oder Weidengeflecht gerahmte Beete. Aus ästhetischer Sicht ist das nett, physisch ist es gut für den Rücken, aber bei der Gartenbewirtschaftung sieht es ganz anders aus. Die Beetränder sind eine Kontaktfläche, wo im Sommer Wärme und Trockenheit (Wind)

besonders unmittelbar einwirken können, oder im Winter auch der Frost. Die Pflanzreihen müssen daher gewisse Abstände dazu einhalten. Damit geht wertvoller Platz verloren. Wenn man die Kulturen 10 cm zur Mitte der Parzelle verschieben muss, kommt pro 10 m ein Flächenverlust von 1 m² zusammen. Bevor man die Beeteinfassungen setzt, sollte man auch bedenken, dass Maulwürfe und Mäuse diesen Linien liebend gerne folgen und dass Nacktschnecken in ihrem Schutz gerne für zahlreiche Nachkommen sorgen.

Lässt man die Beeteinfassungen weg, geht die Anlage des Gemüsegartens bedeutend einfacher und rascher.

Traditioneller Gemüsegarten

Dieses Modell besticht durch **das beste Verhältnis von Ertrag, Arbeitszeit und Startkapital**. Oft im Schutz einer Hecke den Blicken der Passanten entzogen, bieten die traditionellen Gemüsegärten dem interessierten Betrachter ein bezauberndes Bild. Der Fruchtwechsel erfolgt

alljährlich durch das Verschieben der Reihen. Blumen wechseln mit Gemüse. Apfel- und Birnbäume am Spalier liefern die Garantie reicher Ernte.

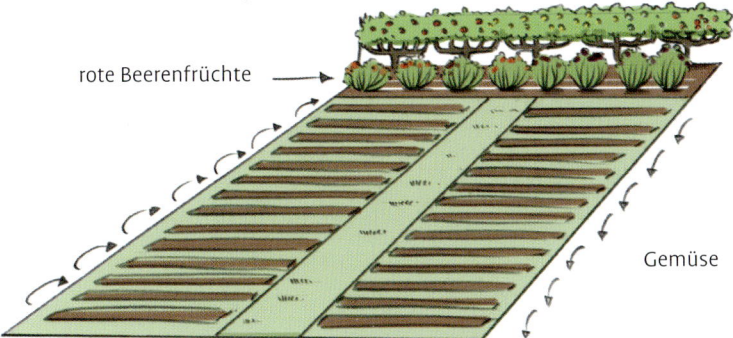

Apfel- und Birnbäume am Spalier

rote Beerenfrüchte

Gemüse

Die „Vier Viertel"

Das ist **eine Variante des traditionellen Gemüsegartens** mit einem über 4 Jahre angelegten Fruchtwechsel. Der Garten ist in vier Parzellen geteilt, sodass man die auf Seite 35 erläuterte Fruchtfolge anwenden kann.

Sollte der Garten durch Zufall eine südlich ausgerichtete Mauer besitzen, kann man daran schön die Obstbäume wie Spalierapfel und -birne oder Pfirsich kultivieren oder Beerenobst wie Johannisbeeren, Stachelbeeren oder Himbeeren. Die Wege kann man nach Bedarf so anlegen, dass sie hübsch und praktisch sind. Man verwendet Kleewege oder Bohlen, um die Erde in den großen Beetflächen nicht zu verdichten.

Auf der gegenüberliegenden Seite sehen Sie **vier Entwürfe dieses Grundmusters** von der optimalen Flächenausnutzung (1) bis zur dekorativ gestalteten Anbaufläche. Bei den Skizzen 3 und 4 findet sich eine runde Parzelle im Zentrum, in der man Kräuter oder ein Birnen-Halbstämmchen setzen kann. Mit dieser klassischen Form lebt es sich angenehm. Wagemutige Gärtner können die **Wege mit kurz getrimmtem Buchs** wie im französischen Barockgarten einfassen. Die Zeit, die man auf das Pflanzen und Trimmen des Buchs verwendet, ist nicht vergeudet, denn der besondere Geruch scheint viele nicht gerne gesehene Schädlinge fernzuhalten.

Der in vier Viertel eingeteilte Gemüsegarten erleichtert den Fruchtwechsel über 4 Jahre. Verschiedene Grundmuster machen ihn zu einer Augenweide (rechts).

Vier Variationen des „Vier-Viertel-Gartens" auf einer Grundfläche von 100 m².

Eine Fläche von 20 m² ist Spalieräpfeln und Beerenfrüchten vorbehalten. Die Wege sind 1,50 m breit, damit man gut bewirtschaften kann.

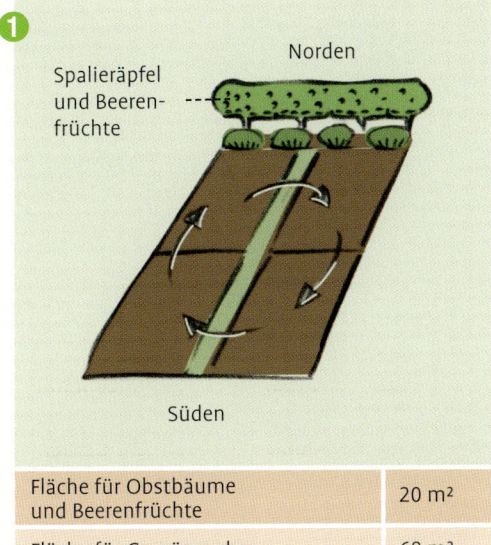

❶

Spalieräpfel und Beerenfrüchte

Norden

Süden

Fläche für Obstbäume und Beerenfrüchte	20 m²
Fläche für Gemüseanbau	68 m²
Wegefläche	12 m²

❷

Fläche für Obstbäume und Beerenfrüchte	20 m²
Fläche für Gemüseanbau	55 m²
Wegefläche	25 m²

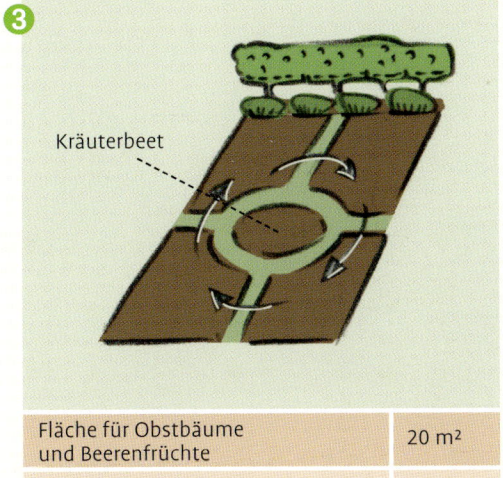

❸

Kräuterbeet

Fläche für Obstbäume und Beerenfrüchte	20 m²
Fläche für Gemüseanbau	52 m²
Wegefläche	28 m²

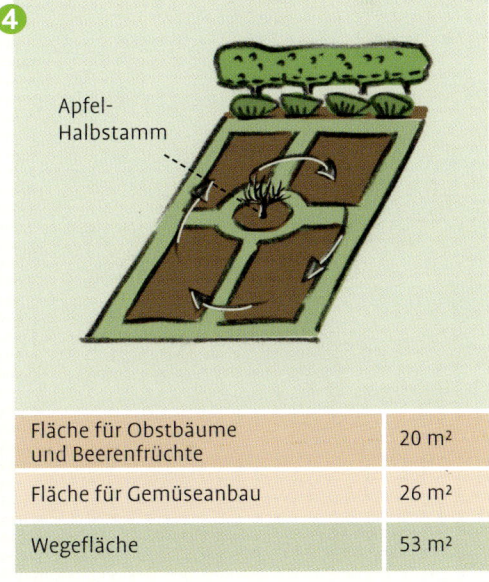

❹

Apfel-Halbstamm

Fläche für Obstbäume und Beerenfrüchte	20 m²
Fläche für Gemüseanbau	26 m²
Wegefläche	53 m²

Gemüsegarten im Quadrat

Seit gut 10 Jahren erlebt der Gemüsegarten im Quadrat großen Zuspruch.
Dabei konzipiert man einen Garten in
Beetquadraten von 1,20 m Seitenlänge,
die wiederum in quadratische Parzellen von 30 × 30 cm unterteilt sind. Aus-
gangspunkt ist die Vorstellung, dass
die Kulturflächen gerade angelegt sein
sollten, damit der Gärtner die Kulturen nicht betreten muss – man könnte
meinen, der Gemüsegarten im Quadrat hätte seine Verbreitung überwie-
gend deshalb unter jungen Leuten
und Gärtnern mittleren Alters gefunden. Durch die Beeteinfassungen (aus
Holz, Metall, Flechtwerk und was man
sonst noch so zur Hand hat) wird, wie
wir schon gesehen haben, die Anbaufläche angehoben. Und dadurch kann
man auch auf schlechten Böden etwas
kultivieren.

Eine bestechende Lösung, denn:

> Sie ist durchdacht. Im Quadratgarten
  ist alles rechtwinklig, sogar die Planung. Bücher zu diesem Thema sind
  methodische, Erfolg versprechende
  Gärtnerkurse. Sie geben logische
  Schritte vor, denen man leicht folgen
  kann.

> Der Ansatz sieht aus wie ein Zier-
  garten, in dem man sich bedient,
  wenn man die Lust auf frisches
  Gemüse verspürt.

> Und die Quadrate strukturieren die
  Fläche mit einem ästhetischen Plus.

Der Fruchtwechsel erfolgt nach Quadra-
ten oder parzellenweise. Auf jeder Parzelle ist eine genau definierte Menge
von Pflanzen vorgesehen, wodurch
nichts vergeudet wird. Gemüse mit kräf-
tigem Wuchs finden darin nur schwer-
lich Platz, es sei denn man lässt sie auf
Stützen klettern.

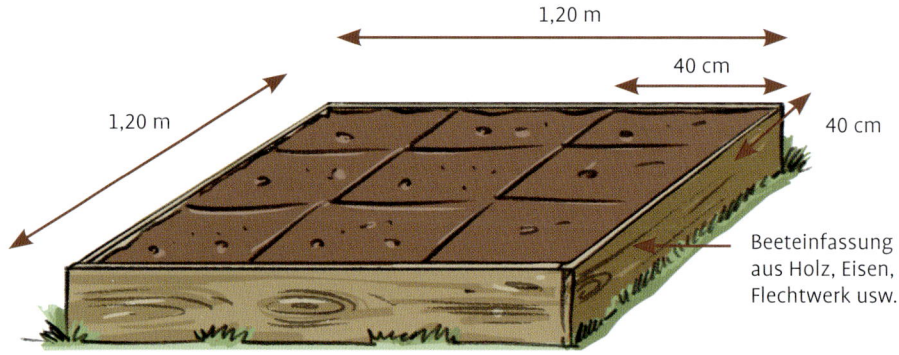

1,20 m

40 cm

1,20 m

40 cm

Beeteinfassung
aus Holz, Eisen,
Flechtwerk usw.

Ein Gemüsegarten im Quadrat ist für kleine Grundstücke ideal. Hier der Garten von Anne-Marie Nageleisen.[1]

Bevor man sich jedoch in das Abenteuer stürzt, sollte man folgendes bedenken:
> Die Konstruktion der Beeteinfassungen kostet Zeit und eventuell viel Geld. Es scheint wenig sinnvoll, mehr als 20 Kästen zu bauen, ebenso wenig wie die Verwendung von über mehrere Jahre behandeltem Holz, was nicht unbedingt ökologisch ist.
> Die Beetquadrate müssen mit Erde und Kompost gefüllt werden. Bei vier Quadraten von 20 cm Höhe wird mehr als 1 m³ Material benötigt.

Paradoxerweise sind die Beetquadrate am besten für die allerkleinsten und die allergrößten Gärten geeignet. In den allerkleinsten Gärten füllen sie die gesamte Fläche aus, wobei die Wege auf ein Minimum reduziert sind. In den großen Gärten dagegen werden sie mit anderen Kulturformen kombiniert.

_____

1 Siehe dazu auch ihr Buch „Gärtnern im Quatrat", Verlag Eugen Ulmer, 2011

Praktische Beetreihen

Diese länglichen Beetparzellen haben eine Breite von 1–1,20 m und eine beliebige Länge. Das unangetastete Prinzip, dass man die Kulturen nicht betritt, gilt auch hier. Wie bei den Beetquadraten kann man über Wege gehen (1), doch bei den Beetreihen ist die Anbaufläche besser genutzt. Die Länge der Beete sollte zur Gartengröße passen.

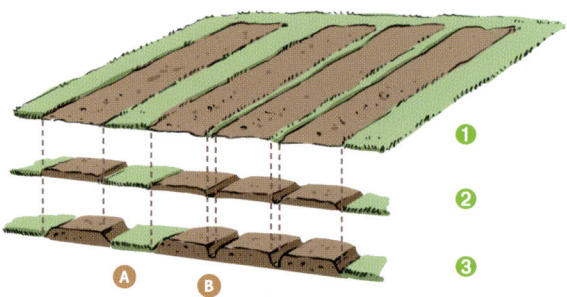

Die Parzellen sind 1–1,20 m breit, damit sie von den Wegen aus gut zugänglich bleiben. Die Länge richtet sich nach der Länge des Gartens.

Wege

Man hat zwei Möglichkeiten.

Entweder legt man **breite Wege** an (A) und sät Gras ein, das später gemäht werden muss. Dabei passt man die Breite der Wege am besten an die Schnittbreite des Rasenmähers an. Die anderthalbfache Schnittbreite ist sehr praktisch. Diese Lösung hält den Gemüsegarten luftig und negative Effekte durch Schattenwurf unterbleiben. Zudem ist nur ein Minimum an Fläche dafür erforderlich. Pflege ist nötig, dafür bleibt der Garten aber für alle zugänglich. Die Kinder können mit dem Fahrrad umherfahren, man kann am Abend selbst herumwandern.

Oder man legt **kleine Pfade oder schmale Wege** an (B), auf denen sich nur der Gärtner bewegen kann, was aber die vorhandene Fläche noch besser ausnutzt. Die Oberfläche der Trampelpfade darf keinesfalls leer bleiben, weil sie sonst bei schlechtem Wetter unbegehbar würden. Also bedeckt man sie mit Häckselgut und Stroh oder man verteilt Kompost oder sät Klee.

Die Beete gewinnen an Höhe

Die Beete werden mithilfe von Holzpflöcken und Schnur abgesteckt, sodass man Pflanzfläche und Wege unterscheiden kann. Gewöhnlich gewinnen die Pflanzflächen der Beete durch Kompostzugabe im Laufe der Zeit an Höhe, während die Pfade sich durch das Betreten setzen. Das ist eine gute Sache, sowohl für die Feuchtigkeit des Bodens als auch für das Kreuz des Gärtners. Man kann es noch verstärken, indem man den Mutterboden von den Pfaden auf den Kulturen verteilt. Bei leichten Böden (2) erheben sich die Beete etwa 10 cm, bei schweren Böden können es, damit der Boden stärker entwässert wird, auch schon einmal 25 cm sein (3).

Kombination verschiedener Ansätze

Je nachdem wie man den Gemüsegarten ordnet, entstehen unterschiedliche Klein-räume. Wenn man sich für einen Gartentypus entscheidet, der mehr abwirft und schöner ist, beraubt man sich der Vorteile anderer Lösungen. In einem großen oder auch kleinen Garten kann man verschiedene Flächenkonzepte kombinieren, um das jeweils beste daraus zu machen. Zwiebeln steckt man am besten auf einem Hügel-beet, damit man sicher sein kann, dass das Wasser gut abfließt. Salate machen sich gut in Quadratbeeten, weil man dadurch die Überproduktion vermeiden kann.

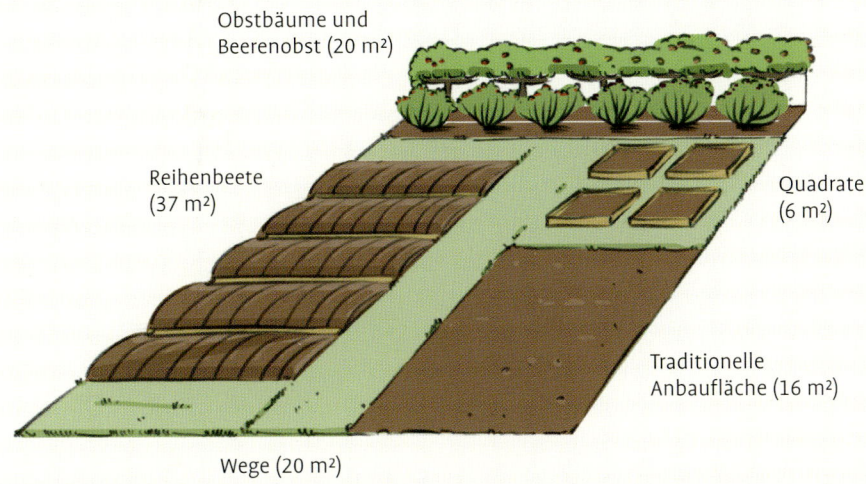

Obstbäume und Beerenobst (20 m²)

Reihenbeete (37 m²)

Quadrate (6 m²)

Traditionelle Anbaufläche (16 m²)

Wege (20 m²)

Der Vorschlag oben nimmt eine Fläche von 100 m² ein, wovon 20 m² für Obstbäume und Beerensträucher reserviert sind. Bei einer Kombination kann man gut vier Quad-ratbeete, eine Ecke mit traditioneller Anbaufläche und eine Fläche mit Reihenbeeten anlegen. Die gesamte Anbaufläche beträgt 60 m², dazu kommen 20 m² für Zugangs- und Wirtschaftswege, die man problemlos mit Rankgittern für Stangenbohnen über-ziehen könnte.

Ein wohlgeformter Garten

Bei einem kleinen Garten kann man den Gemüsegarten allein durch die Form zu einer Quelle der Freude machen. Niemand muss sich durch klassische Strenge kasteien.

Auch wenn die Form eines Gemüsegartens zuerst ins Auge springt, bildet sie nur die Spitze des Eisbergs. Und man sollte sie nicht mit dem Sockel verwechseln, nämlich der Art und Weise, wie man den Boden behandelt und nutzt, und in welchem Maße man die Vielfalt im eigenen Garten pflegt.

Wir haben gesehen, dass man die Formen des traditionellen Gemüsegartens durch Hügelbeete und Quadrate abwandeln könnte, doch könnte man sich auch Inspiration bei klassischen Formen suchen:

> Der französische Gartenstil bevorzugt Symmetrie und Perspektive.
> Der englische Gartenstil bietet vielfältige, schlängelnde Wege.
> Die Klostergärten mischen Gemüse, Blumen und Spalierobst.

Wenn Ihnen die Vorstellung eines komplexen Gartenentwurfes schon gefällt, dann werden Sie auch bei der Umsetzung nicht enttäuscht sein.

Umsetzung einer komplexen Struktur

Es ist sehr interessant, wenn man die Bepflanzung des Gemüsegartens zusammen mit den Kindern vornimmt... Es ist eine gute Übung, um Zahlen, Entfernungen und den rechten Winkel oder die

Berechnung einer Kreisfläche zu wiederholen. Und am meisten lernen diejenigen, an die man dabei eigentlich gar nicht gedacht hatte (nämlich man selbst).

Wie bei jedem Gemüsegarten braucht man eine Schnur. Das ist neben einem 20-Meter-Maßband die wichtigste Waffe, um Linien zu ziehen. Zwei nicht faulende Holzpflöcke (Marke Akazie oder Kastanie) sind auch nicht schlecht. Sie werden später auch nützlich sein, um die Saatrillen zu markieren.

Mit Schnur und Holzpflöcken kann man die Ecken und Reihen gut markieren – und die grundlegende Ausrichtung überprüfen. Je nach Entwurf benötigt man eine große Menge Schnur, planen Sie daher ein dickes Knäuel ein. Die Schnur wird später im Gemüsegarten zum Anbinden von Ranken oder Fixieren von Blumen wieder verwendet.

Und die Schnur verwandelt sich in einen riesigen Zirkel, um Kreise zu schlagen. Man muss nur das eine Ende in der Mitte des zukünftigen Kreises befestigen und mit dem anderen Ende die Kreisbahn ablaufen. Dabei markiert man mit Mehl oder dem Gartenschlauch. Wenn er in der Sonne lag, ist er elastischer und das Ganze wird leichter.

Bambusstangen eignen sich sehr gut als „Grenzpfosten" um zu prüfen, ob man in der Anlage oder auf den Wegen als Gärtner mit und ohne Schubkarre durchkommt.

Wie in jedem anderen Garten kann man auch im Gemüsegarten der Fantasie freien Lauf lassen.

Formen auf der Basis des Quadrats (und Dreiecks)

Es ist kinderleicht, immer komplexere Formen auf der Grundlage des Quadrats zu ersinnen. Die Quadrate können in Dreiecke geteilt oder die Formen ineinander verschachtelt werden.

Man könnte auch daran denken, einen Regenwasserspeicher direkt zu integrieren. Man müsste dann nur noch die Gießkanne eintauchen. Bei diesem System darf man aber den Überlauf zur Regentonne nicht vergessen, damit bei starkem Regen das Becken nicht überläuft und den Gemüsegarten überflutet.

Dach   zentrales Becken

Kreisformen

Ein Kreis bietet das beste Verhältnis von Fläche zu Umfang. Ein runder Garten mit einer Fläche von 100 m² hat nur einen Umfang von 35,4 m. Bei einem Quadrat kommen 40 m Kontur zusammen.

Kreisformen eigenen sich am besten als Design für einen kleinen Gemüsegarten innerhalb eines großen Gartens. Sie brauchen Platz und Perspektiven, damit man sie genießen kann.

Wie beim Quadrat kann man auch auf der Basis von Kreis und Spirale mit Formen spielen. Die Gebildeten können sich dabei auf die Zahl Pi oder den Goldenen Schnitt verlegen, aber das Gemüse wächst dadurch auch nicht besser.

Design in Kreisform für
einen Fruchtwechsel über
4 Jahre

Formale Konzeption
zum Erhalt des Bodens
ohne Verdichtung

Symbolische
Gestaltung

Der Garten als kosmische
Spirale

Und von nützlichen Wegen
durchbrochen

Garten mit Durcheinander

Der Garten mit gemischtem, „natürlichem" Durcheinander wird immer wieder diskutiert. In den meisten Fällen trägt er das Durcheinander nur im Namen. Auch wenn manche Gärtner ihn auf empirische Art gestalten und kultivieren, ist seine Struktur wohldurchdacht und sehr kopflastig. Keine Linienführung oder Beetreihen – eine solche Anlage ist nicht einfach umzusetzen. Man muss eine Mindestbreite der Wege berücksichtigen, damit der Garten kultivierbar bleibt und eine maximale Breite der Beete, damit der Gärtner nicht in die Kulturen treten muss. Nichts darf die „natürliche" Beetkomposition stören.

Meistens gibt es keinen Fruchtwechsel. Alle Pflanzen stehen bunt gemischt und man berücksichtigt nur passende oder unpassende Pflanzengemeinschaften. Dadurch entsteht ein erstaunliches Universum, das aber bei Gemüse kaum Ertrag bringt. Legt man jedoch den Schwerpunkt auf Beerenfrüchte, so kann ein wahres Schlaraffenland für die Sinne entstehen.

Und nun ans Werk!

Da Sie nun schon eine genaue Vorstellung davon haben, wie Ihr Traumgarten aussehen soll, müssen Sie die Ärmel hochkrempeln und im Gemüsegarten loslegen.
Für den Anfang benötigen Sie nur wenig:
> Gartengeräte,
> etwas zum Düngen des Bodens,
> Saatgut oder Pflänzchen,
> Hände.

Die Art und Weise der Bodenbearbeitung und der Gestaltung (große Parzellen oder Quadratbeete, flache Beete oder Hügelbeete, jährliche Neuanlage oder permanente Bestellung) sollten Ihre Überlegungen hinsichtlich der Werkzeuge bestimmen.

Vorbereitung des Bodens

In den meisten Fällen können Sie im ersten Anbaujahr auf die Bodenverbesserung verzichten. Ein Boden, der etliche Jahre lang geruht hat, ist fruchtbar genug für die meisten Gemüse, die man darauf anbauen möchte, vor allem, wenn er nicht verdichtet oder umgesetzt wurde. Hat man sich aus rein ästheti-

Entscheiden Sie selbst, ob Umgraben mit dem Spaten (links) oder Belüften mit dem Grubber (rechts) die beste Technik für Ihren Garten ist.

schen Erwägungen heraus für erhöhte Beete entschieden, sollte man meiner Meinung nach im ersten Anbaujahr sorgfältig auf Bodenniveau anbauen, um von diesem guten Mutterboden zu profitieren. Auch kann man so sichergehen, dass die Bewirtschaftung bei dem gewählten Plan praktikabel ist, bevor man die aufwendigen und kostspieligen Strukturen errichtet.

In diesem ersten Anbaujahr wird man den Boden besser kennenlernen. Man hat Muße, ihn zu betrachten und durchzukneten, um die Beschaffenheit zu beurteilen. Danach kann man ihn durch Sand- oder Tonzugabe verbessern.

Umgraben oder belüften?

Zwei Strömungen streiten sich heftig über die Bearbeitung des Bodens. Einfach ausgedrückt favorisieren *die Klassiker* das Umgraben im Herbst, bringen Mist oder Kompost ein und die Kulturen werden in dichten Reihen wie bei militärischem Drill gesetzt. *Die Modernisten* hingegen graben nicht um und ihre Gemüsegärten wirken „natürlicher". Im Großen und Ganzen sollte man eher im eigenen Garten auf dem Laufenden sein als bei den Dogmen des Gemüsegärtnerns.

Umgraben wurde und wird immer wieder heftig angegriffen unter dem Vorwand, dass dabei die Struktur des Bodens auf den Kopf gestellt würde (was auch stimmt) und dass der Spaten die Regenwürmer in Stücke teile (was nicht falsch ist – entgegen der allgemeinen Vorstellung werden aus einem zerteilten Wurm nämlich keine zwei lebendigen). In maßloser Übertreibung spricht man bei umgegrabenen Böden von „toten

Böden". Dabei wird vergessen, dass das oberflächliche Umgraben kein Pflügen ist und dass man auf diesem Wege mühelos Kompost, Mist und / oder Unkraut loswerden kann.

Im Gegensatz dazu verhindert die Bodenbearbeitung ohne Umgraben und nur durch Abdecken (Bodenverbesserung kommt immer von oben) das Ausbreiten von Unkraut. Sie fördert das Wohlergehen der Bodenorganismen und den Ertrag von schönem Gemüse ohne Plackerei und Rückenschmerzen.

Der Gegensatz wird auch durch die verwendeten Werkzeuge deutlich: einerseits der Spaten, andererseits der Grubber Modell Grelinette[1].

Dabei wurde wohl übersehen, dass in der Natur nichts nur weiß oder nur schwarz ist. Man sollte die Methode wählen, die sich für den eigenen Garten (und den Gärtner selbst) am besten eignet. So wie man unterschiedliche Beetflächen anlegt, sollte man auch die Techniken der Bodenbearbeitung variieren. Methodischer Abwechslungsreichtum führt zu größerer Vielfalt und zu einer besseren Anpassungsfähigkeit an Widrigkeiten.

Die Erfahrung lehrt, dass man unabhängig von Spaten oder Grubber den Boden vor allem mit einer Schutzschicht bedecken sollte, sofern das Problem mit Schnecken und Maulwürfen gelöst ist. Die Schicht bietet zu jeder Jahreszeit gewisse Vorteile – als Schutz vor der Bildung von Krusten durch Regen, vor Frost, vor Trockenheit, vor der Vermehrung von wuchernden Arten.

1 Grelinette ist der geschützte Markenname des von Herrn Grelin erfundenen drei- oder fünfzinkigen Geräts. Viele weitere Hersteller haben sich ebenso in die Herstellung dieses Werkzeugs zur Bodenbearbeitung gestürzt.

Wann sollte man anfangen?

Oft meldet sich die Gartenlust **mit der Wiederkehr der schönen Tage**. Obwohl alle Tage des Jahres schön oder hässlich sein können – je nachdem, was man daraus macht! Ein Anstieg der Kräfte macht sich deutlich spürbar, nachdem man Monate, vielleicht auch Jahre, mit dem Gedanken an den Garten schwanger war. Kaum haben Krokus, Schneeglöckchen und Narzissen unsere Augen leuchten lassen, führt uns der Ausbruch des Frühlings einen Monat darauf direkt zum Pikieren der Tomaten-, Salat- und Auberginenpflänzchen. Es ist ja bekannt, dass man Launen nicht beherrschen kann.

In der Theorie ...

Sie wissen ja bereits, dass der Boden seine Zeit braucht. Ideal wäre es gewesen, hätte man vorausgedacht und den Boden schon im vorausgegangenen Herbst vorbereitet. Je früher, desto weniger hat man auf einmal zu tun.

Um den Boden von Bewuchs zu befreien und will man keinen erhöhten Gemüsegarten anlegen, so bedient man sich des Karton-Tricks. Man legt die Pappe direkt auf den Boden. Das ist nicht eben hübsch, aber zweckmäßig. Man kann auch eine ordentliche Schicht Stroh ausbringen, das ist aber schwerer zu bekommen – vor allem in der Stadt.

Dies gilt natürlich auch, wenn Ihre Wahl auf Beetquadrate oder Hochbeete gefallen sein sollte. Die Anbaufläche muss so früh wie möglich vorbereitet und dann den Winter über durch eine Schicht von Laub oder Karton geschützt werden.

Beete im Herbst vorbereiten

Verwenden Sie unbedruckte Kartons, die man beispielsweise am Vorabend der Müllabfuhr finden kann, und entfernen Sie Klebeband und Klammern. Damit decken Sie den Boden der Beete ab, damit nichts mehr wächst. Die Vegetation verschwindet nach wenigen Monaten. Die Würmer, die unter dem Karton vor Frost und Vogelfraß geschützt sind, vermehren sich und räumen auf. Auch lockern Sie den Boden. Im Frühling muss der Gärtner nur noch die von den Würmern übrig gelassenen Kartonreste auf den Kompost werfen und nach dem Hacken die Saat ausbringen.

In der Praxis genügt es, wenn man Gras und Kräuter im Beet abschneidet und an Ort und Stelle verrotten lässt. Dazu kommen Gemüseabfälle oder, falls vorhanden, Kompost und darüber deckt man die Pappe. Verwenden Sie keinesfalls schwarze Plastikfolie, weil diese wasserundurchlässig ist, den Boden erstickt und sowieso nicht ökologisch vertretbar ist. Je größer die Kartons, desto geringer die Gefahr, dass sie davongeweht werden. Zur Sicherheit sollten Sie sie aber mit Holzscheiten, Blumentöpfen oder Steinen beschweren. Wenn Sie das ganze zu hässlich finden, können Sie einige Handvoll Erde darüber streuen.

In der Praxis ...

Im Frühling stürzen Sie sich in den Garten und alles muss gleichzeitig geschehen: Anlage des Gemüsegartens, Bodenbearbeitung, Aussaat, und die Kinder bestehen auf einem gemeinsamen Fahrradausflug!

Unterschiedliche Auswege bieten sich nun an. Bevor Sie alles auf einmal herrichten, könnten Sie sich erst einmal auf einen kleinen Teil des Gemüsegartens

Rechen   Pflanzer   Grabegabel

konzentrieren. Nehmen Sie die sonnigsten Stellen zum Anbau von Tomaten
oder Auberginen. Kurz gesagt, widmen
Sie sich den Kulturen, die auf kleiner Fläche viel Genuss erwarten lassen.

Sie könnten den Gemüsegarten auch
mit einer sogenannten „Reinigungs"-
Kultur beginnen, dem Kartoffelanbau.
Nicht die Kartoffel putzt die Beete sondern die Arbeiten, die beim Kartoffelanbau anfallen – Legen, Anhäufeln, Ausreißen. Dadurch entfernen Sie über die
Saison alles Unkraut. Kartoffeln wachsen auch unter Stroh (siehe dazu auch
S. 94) Damit bekommen Sie gute Erträge
und der Boden ist auch zugedeckt, wie
bei den Kartons, während die Bodenbearbeitung langsam und auf natürliche
Weise geschieht.

Auswahl der geeigneten Geräte

Es gibt nicht nur Spaten oder Grubber in
der Welt des Gemüsegartens. In manch
einem kleinen Garten wird mit Werkzeugen gearbeitet, die dem Gärtner äußerst
praktisch erscheinen. Eine gute Mistga-
bel oder eine Maurerkelle können her-
vorragende Dienste leisten.

Zum Anfang sollte man ein Minimum
an Gerätschaften besitzen. Man muss
Wege anlegen, Beete bearbeiten, Pflanz-
quadrate füllen. Nicht umsonst muss
man das Sparschwein schlachten. Es
geht um das Wichtigste. Welche Arbeiten fallen an?

> **Graben**, um einen Baum oder Strauch
  zu setzen oder auch die Pfade zwischen den Beeten anzulegen.
> **Wegschaffen** von Erde, Kompost oder
  Mist, um die Quadrate und Reihenbeete anzulegen, um Haufen aufzutürmen und die Bodenverbesserer
  unterzumischen.
> **Bearbeiten** des Bodens durch Unter-
  graben, Lockern, Aufbrechen von
  Schollen, Aushacken von Unkraut und
  Vorbereitung der Aussaat.
> **Rückschnitt** von vertrockneten Blu-
  men und Obstbaumschnitt.
> **Aufstellen von Schildchen** bei der
  Aussaat.

Eine Schubkarre wird schnell unentbehrlich.

Erstes Auswahlkriterium: der gesunde Menschenverstand

Die Wahl guten Werkzeugs ist zweifach von Bedeutung. Erstens sollte man Geräte nehmen, die nicht überflüssig sind, die tagtäglich in Gebrauch kommen und nicht nur einmal, um danach nie mehr hervorgeholt zu werden. Deshalb haben einfache Werkzeuge Priorität, die man für vieles verwenden kann, oder die man unbedingt braucht.

Zweitens: kleiner Garten, kleine Geräte. Man benötigt keine großen Dinge, um mit dem Gemüsegarten anzufangen. Zählt man zu den Traditionalisten und möchte man Quadratbeete oder Hügel anlegen, so sollte man einen Spaten, einen Rechen und eine Gartenschere haben. Wenn man moderner ist, reichen ein Grubber wie die Grelinette und eine Gartenschere. Es heißt aber

nicht, dass dies kostengünstiger wäre. Man braucht auch einen Behälter um Material transportieren zu können. In winzigen Gärten genügt ein Korb, aber normalerweise braucht man eine Schubkarre. Mit der Zeit werden dann noch Halbhaue, Grabegabel und Pflanzholz in der Werkzeughütte baumeln.

Vergessen Sie aber niemals, dass die Hände das beste Werkzeug des Gärtners sind. Sie beweisen Kraft, Geschicklichkeit und so mancher spricht ihnen sogar eine Form der Intelligenz zu. Sie werden am häufigsten eingesetzt, um Steine aufzusammeln, zu säen, ein kleines Loch zu bohren, Unkraut auszureißen, die Tomaten auszugeizen. Selbst in kleinen Gärten ruiniert sich der Gärtner die Hände. Darum wäre ein Paar Gartenhandschuhe ganz nett, auch wenn man dadurch etwas Gefühl verliert.

Zweites Auswahlkriterium: die Qualität

Im Überangebot am Werkzeugmarkt gibt es Geräte, die man komplett vergessen kann. Der verwendete Stahl ist von schlechter Qualität, Montage und Schweißnähte mies. Oft erlebt man, dass billige Werkzeuge ungewöhnlich schnell verrosten, sich lockern, verdrehen oder sogar verbiegen und brechen. Man investiert besser in qualitativ hochwertige Ware, denn

> auf den langen Verwendungszeitraum des Werkzeugs umgelegt, fällt das kaum ins Gewicht,
> es ist angenehmer mit gutem Werkzeug zu arbeiten,
> es ist nicht so gefährlich[1].

Ein gutes Werkzeug hält dauerhaft. Es bekommt Gebrauchsspuren und hat seine eigene Geschichte. Man bekommt es in Gartenmärkten mit Markenartikeln. Ich halte mich neuerdings lieber an Handwerker, die Qualitätswerkzeug anfertigen. Da wir nur wenige Werkzeuge brauchen, können wir das Geld für einige Stücke in höchster Qualität ausgeben. Zögern Sie beim Werkzeugkauf also nicht, die Robustheit oder Elastizität der ausgesuchten Gerätschaften zu testen.

Ein Platz für die Gartengeräte

Angesichts der Dienste, die uns die Gerätschaften leisten, sollten sie etwas gepflegt werden – nicht viel, aber

---

Wiederverwertung

In den Garagen von Mehrfamilienhäusern, auf dem Trödel oder auf den Bürgersteigen am Vorabend der Sperrmüllabfuhr finden sich große Mengen von Gartengeräten, die oftmals nur blank geputzt, geölt, geschärft oder repariert werden müssen. Ihnen ein zweites Leben zu geben, ist ökologisch, wirtschaftlich und ein wenig sentimental. Das Werkzeug wird zum Bindeglied zwischen Generationen.

---

genug, dass sie lange halten. Nach getaner Arbeit sollte man, wenn möglich, die Metallflächen mit einem Lappen, Grasbüschel oder was man sonst zur Hand hat säubern. Wenn Sie einen Sandhaufen haben, denken Sie daran, dass Sand ein optimales Schmirgelmittel ist. Die Holzgriffe werden zum Schutz regelmäßig mit Leinöl eingelassen, die Schneiden reinigt und schützt man mit etwas Weißöl oder Pflegefett.

Sie draußen vergammeln zu sehen ist abscheulich, sie insbesondere im Winter drinnen im Haus aufzubewahren ist auch keine gute Idee. Die Luft in unseren Häusern ist zu trocken und die Stiele lockern sich, weil das Holz schrumpft. Ideal wäre es, sie an der frischen Luft zu belassen. Manche Gärtner lehnen sie vor Regen geschützt an die Hauswand, während andere einen Schuppen bauen. Erkundigen Sie sich aber wegen einer behördlichen Genehmigung für einen Schuppen bei Ihrer Gemeinde.

---

1 Meine rechte Wange hat ein Souvenir von einem schlechten Spatenstiel zurückbehalten.

Traumhafte Sämereien

Wer kein Gemüse anbaut, bringt sich um den Verzehr von Gemüse, von dessen Existenz man nicht die geringste Ahnung hat. Rasch entdeckt man bei den Streifzügen durch die Pflanzenhandlungen eine ganz neue Welt, die Gelüste und Neugier weckt. Und schon wieder muss man Entscheidungen treffen.

Bio oder nicht?

Die erste Entscheidung betrifft das Saatgut: bio oder nicht-bio (also konventionell)?

Ein einfaches Saatgutpäckchen bringt viel Gemüse zum kleinen Preis (siehe S. 68).

Päckchen mit konventionellem Saatgut sind billiger und oft größer. Zum gleichen Gesamtpreis erhält man mehr Gemüsearten. Es gibt keine Beweise, dass biologische Sämereien besseres Gemüse erbrächten als konventionelle, das gilt auch umgekehrt. Aber das Saatgut wurde auf eine Weise gewonnen, die nicht den Vorgaben biologischen Landbaus entspricht. Möchte man die Umwelt generell und nicht nur im eigenen Garten verbessern, so sollte man konsequent sein und biologisches Saatgut kaufen, um Bio-Gemüse zu essen.

Alte und neue Sorten

Alte Arten und Sorten sind derzeit in Mode. Wunderbar! Auf diese Weise entdeckten wir den Geschmack von Topinambur, Pastinaken und Steckrüben neu. Ein Dank gilt allen, die dieses bedrohte Erbe durch ihren Einsatz bewahren halfen. Diese Gemüse entsprachen nämlich nicht mehr dem Geschmack der Verbraucher – zu groß, zu geschmacksintensiv und ungleichmäßig in der Form. Der Erhalt ist besonders wichtig, denn wenn eine Art oder Sorte nicht angebaut wird und niemand mehr davon Saatgut gewinnt, so ist sie ein für allemal verloren.

Natürlich kann man Saatgut in riesigen Tiefkühlschränken für künftige Generationen konservieren, aber der Zweck eines Gemüses ist wohl eher Anbau und Verzehr.

Neue Sorten werden oftmals mit Hybriden der F1-Generation verwechselt.

Das könnte zutreffen, ist aber nicht die Regel. Neue Sorten (Varietäten, Kultivare) werden von Züchtern oder Hobbyzüchtern herausgebracht, um kräftigere Pflanzen mit anderem Geschmack, anderer Form oder Farbe zu erhalten.

Diese Sorten haben oft einen schlechten Ruf. Bei unserem Urteil sollten wir aber zwei Fakten bedenken, um die Absurdität der Ablehnung zu verstehen.

> Alles, was wir heute als „Alte Sorten" bezeichnen, waren in der Vergangenheit einmal „Neue Sorten".
> Die Qualität einer Gemüsezüchtung hängt nicht davon ab, ob sie alt oder neu ist, sondern von der Anbauart.

Bevor man also Kultivare aufgrund von wenig stichhaltigen Kriterien ablehnt, **sollte man im Gemüsegarten eher das Beste aus vergangenen Tagen neben dem Besten von heute anbauen.**

Die Kultursorten ergänzen einander und man muss nur die finden, die am besten für das Klima und die Bodenverhältnisse des eigenen Gartens geeignet sind – und nicht zu vergessen für die Geschmacksvorlieben der Familie.

F1-Hybriden[1]

Im Frühling finden sie sich zuhauf unter den Saatgutpäckchen oder in den Regalen. F1 ist wie ein Qualitätsmerkmal in großen Lettern aufgedruckt.
Im Laufe eines Lebenszyklus sollte sich eine Sorte[2] nicht mit einer anderen kreuzen, damit die Reinheit erhalten bleibt

Inzwischen trifft man auch **biologische F1-Sorten** an. Ja, das ist tatsächlich möglich! Im Moment betrifft das insbesondere Pflanzen und nicht Saatgut. Das habe ich noch nicht gesehen. Es gibt vor allem derartige Fruchtgemüse-Kultivare: Tomaten, Auberginen sowie Gewürz- und Gemüsepaprika und Zucchini. Zielgruppe sind in erster Linie uninformierte Verbraucher. Doch dazu zählen Sie ja nun nach Lektüre der Zeilen dieser Seite nicht mehr.

und die Nachkommen die gleichen Merkmale aufweisen.

Eine neue Sorte, die aus zwei verschiedenen Sorte herausgezüchtet wurde, braucht etliche Jahre, bis sie samenfest ist. Dieser Prozess heißt Selektion und wir tragen in den Saatgutpäckchen der Alten und Neuen Sorten die Früchte dieser Arbeit nach Hause. Damit können wir nun unser eigenes Saatgut gewinnen, vorausgesetzt wir treffen einige Vorkehrungen, um Kreuzungen vorzubeugen.

F1-Saatgut entstammt einer Kreuzung von zwei verschiedenen Sorten einer Art mit dem Ziel, die Eigenschaften beider zu verbinden, damit daraus eine dritte Sorte entsteht, die für den Gärtner normalerweise noch interessanter ist: noch robuster, noch ertragreicher, noch…, noch… Theoretisch wäre das der unabänderliche Lauf der Dinge. Das Problem mit der F1-Generation ist jedoch, dass man kein eigenes Saatgut mehr gewinnen kann, weil die Sorten nicht samenfest sind. Zwar sind die Pflanzen nicht steril und tragen Früchte, aber man weiß nicht, was aus diesem Saatgut herauskommt. Man muss also jedes Jahr wieder Sämereien kaufen.

---

1   F1 steht für die erste Generation
2   Bei den Tomaten gibt es etliche 1000 Züchtungen.

Vorkultivierte Pflänzchen für den ersten Garten

Wenn man im Frühling zum ersten Mal einen Garten anlegt – ich bin fast sicher, dass Sie das tun werden – ist es oftmals zu spät um selbst Pflanzen zu säen. Muss man deswegen den Gedanken an Tomaten, Auberginen, Paprika oder Basilikum und andere Früchte und Gemüse aufgeben, die zur Anzucht viel Zeit und Wärme brauchen?

Die Verwendung von vorkultivierten Pflänzchen, die nur noch auszupflanzen sind (Setzlinge), ist eine gute Alternative, bevor man in den Folgejahren an Autonomie gewinnt. Hin und wieder wird man auf diese Lösung auch zurückgreifen müssen, sobald man trotz Erfahrung aus irgendeinem Grund die eigene Saat verpfuscht hat.

Wenn man den ersten Gemüsegarten anlegt, gibt es bestimmt viele im Freundeskreis, die etwas mehr Erfahrung mitbringen und von der eigenen Produktion Pflanzen abgeben. Dann läuft man Gefahr von Pflanzen mit exotischen Sortennamen wie die schwarze Tomate 'Noire de Tula', die Aubergine 'Ping Tung' oder klingenden Namen wie „Teufelspaprika" oder „Teufelskuss" überschwemmt zu werden. Oder es kommen die Klassiker wie die Grüne Tomate 'Green Zebra' oder die Melone 'Petit Gris de Rennes', seltener aber 'Marmande', 'Montfavet' oder 'Pyros'.

Vorkultivierte Pflänzchen: eine prima Lösung, wenn man keine Zeit oder die Saat verpfuscht hat!

Wenn man keine Freunde hat, bleiben noch Märkte, Gärtnereien, Pflanzenfestivals oder örtliche Gemüseanbauer. Zunehmend kann man auch im Internet bestellen, aber es ist ratsam, die Pflanzen vor dem Kauf in Augenschein zu nehmen. Sortiment, Qualität und Preis der Pflanzen schwanken stark. Außer der offiziellen europäischen AB-Kennung gibt es keine Garantie, dass es sich um einen biologisch angebauten Sämling handelt. Manchmal ist es aber besser, wenn man vor Ort Sämlinge ohne Bio-Label anschafft, als dass man ein Bio-Pflänzchen vom anderen Ende des Landes kauft.

Welche Pflänzchen nimmt man?

Die Jungpflanzen sind verhätschelt, in einem optimal auf ihre Wachstumsbedürfnisse abgestimmten Umfeld kultiviert worden – und dann katapultiert man sie in die pralle Sonne, den Regen und den Wind des Gemüsegartens. Die zartesten überstehen das nicht.

Man sollte alles meiden, was zu groß, zu dünn oder schon fruchttragend ist. Achten Sie auf stämmige Pflänzchen, die meistens robuster sind. Pflanzen heißt übrigens nicht das Graben eines würfelförmigen Lochs um einen anderen Würfel darin zu versenken. Das Pflanzloch muss viel größer sein, um den Kompost aufzunehmen. Oft muss man auch eine Stütze oder Rankhilfe in passendem Abstand mit gesetzt werden. Der Anzuchtballen wird durch leichten Fingerdruck gelockert, damit er sich besser mit dem restlichen Substrat verbindet. Und das Gießen nicht vergessen! Aber nicht bei praller

Nach dem Auspflanzen großzügig gießen.

Sonne, sonst grillen Sie die Blättchen. Gegossen wird am Abend, zumindest bei den Gärtnern, die glauben, dass durch die nächtliche Abkühlung kein Wasser verdunstet, oder am Morgen für diejenigen, die das abendliche Gießen als Ursache von Pilzerkrankungen sehen. Anfangs sollte man die Pflanzen durchaus schützen, entweder unter Glasglocken (die Bullaugen von Waschmaschinen, die man beim Schrotthändler finden kann, eignen sich sehr gut) oder unter großen 5-Liter-Plastikflaschen, denen man den Boden abschneidet. Auch eignen sich lichtdurchlässige Segel, oder Ziegelsteine und aufgestellte Bretter als Windschutz. Ziegel sind sehr wirkungsvoll, weil sie die Wärme eines sonnigen Tages speichern und diese nachts abgeben.

Passendes Gemüse und Obst

Jedes Gemüse und jedes Obst hat seinen Platz im Garten. Und wenn man biologisch anbaut, so wie ich es empfehle, hat man die Garantie, dass man gesunde und qualitätvolle Produkte bekommt.

Wer nur wenig Fläche und wenig Zeit zum Anbau hat, sollte vor allem die Gemüse- und Obstarten kultivieren, die es wirklich wert sind. Das heißt, es geht um die rentabelsten, die den meisten Genuss versprechen:

> Sorten, die anspruchslos beim Platzbedarf und dabei ertragreich sind;

> Sorten, die im Handel teuer, aber leicht anzubauen sind;

> Sorten, die aus dem eigenen Garten einfach besser schmecken, weil frisch und in der Saison geerntet; oder geschmackvolle, nicht im Handel erhältliche Sorten;

> Sorten, die problemlos und einfach angebaut werden können.

Auf den folgenden Seiten haben wir den Schwerpunkt auf all jene Früchte und Gemüse gesetzt, die diese Kriterien erfüllen.

Passendes Gemüse und Obst für den kleinen Garten

Die gesamte oder teilweise eigene Erzeugung von Gemüse und Obst hat viele Pluspunkte:

> ökologisch, da der eigene Garten gut für unseren Planeten ist;
> ökonomisch, weil die Einsparungen nicht zu unterschätzen sind.
> sozial, da Gärtner und Familie glücklich sind.

Wie viel kann man pro Samenpäckchen und pro Pflanze einsparen?

		Kosten	Ertrag	Autonomie
Gemüse	Petersilie (ein Samenpäckchen)	2,10 €	80 Schalen × 1 € = 80 €	Samen gewinnen
	Salat (ein Samenpäckchen)	2,25 €	120 Köpfe × 1,50 € = 180 €	Samen gewinnen
	Radieschen (ein Samenpäckchen)	2,25 €	24 Schalen × 1,50 € = 36 €	Samen gewinnen
	Bohnen (ein Samenpäckchen)	9 €	15 kg × 4 € = 60 €	Samen gewinnen
	Kartoffeln (ein Sack mit 100 Pflanzkartoffeln)	20 €	75 kg × 2,50 € = 187,50 €	Samen gewinnen
	Möhren (ein Samenpäckchen)	3 €	30 kg × 1,50 € = 45 €	Samen gewinnen
	Tomaten (ein Samenpäckchen)	2,10 €	90 kg × 2, 50 € = 225 €	Samen gewinnen
	Rhabarber (eine Pflanze)	6 €	4 kg × 10 Jahre × 3 € = 120 €	Vermehrung durch Teilung
	Artischocke (eine Pflanze)	5 €	7 Blüten pro Jahr × 4 Jahre × 1,50 € = 42 €	Vermehrung durch Ableger
	Zucchini (eine Pflanze)	4 €	20 kg × 1 € = 20 €	
Beerenobst	Erdbeeren (20 Pflanzen)	12 €	3 kg × 4 Jahre × 8 € = 96 €	Vermehrung durch Ableger
	Johannisbeere	5 €	2,5 kg × 10 Jahre × 15 € = 375 €	Stecklinge
	Stachelbeere	4 €	3 kg × 10 Jahre × 15 € = 450 €	Stecklinge
	Himbeere	3 €	0,2 kg × 5 Jahre × 15 € = 15 €	Stecklinge
	Kiwi (eine männl. + eine weibl. Pflanze)	13 € × 2	10 kg × 10 Jahre × 2,5 € = 250 €	Stecklinge
	Tafeltrauben	16 €	3 kg × 20 Jahre × 3 € = 180 €	Stecklinge
Obstbäume	Zuchtform für Gärten	25 bis 70 €	6 kg × 15 Jahre × 2,50 € = 225 €	
	Schössling	15 €	10 kg × 15 Jahre × 2,50 € = 337,50 €	
	SUMME	192 €	2816 €	

Die Preise für Obst und Gemüse sind orts- und saisonabhängig, doch jeder stellt fest, dass sie unaufhörlich ansteigen. Voraussagen lassen nicht darauf hoffen, dass sich dies ins Gegenteil verkehren würde. Solche Bedingungen machen die Bewirtschaftung eines eigenen Gartens Jahr für Jahr rentabler.

Ausgaben

Für den eigenen Gemüsegarten muss man am Anfang mit einigen Ausgaben für Geräte, Sämereien, Pflanzen und junge Bäume rechnen.
Die Grundausstattung an Werkzeugen (Spaten, Rechen, Gartenschere und Schubkarre) kommt auf etwa 100–200 €. Für Gemüse und Obst fallen je nach Sortiment unterschiedliche Beträge an. Als Grundsatz gilt, dass Geduld sich auszahlt. Aussäen ist rentabler als der Kauf von Jungpflanzen. Und junge Bäume sind den schon erzogenen Stämmchen vorzuziehen. Man erzielt zum Beispiel bei gleichen Kosten aus einem Samenpäckchen den Ertrag von 100 kg Tomaten, während man mit Pflanzen nur auf knapp 20 kg kommt. Aber manchmal hat man keine Zeit oder keinen Platz für die Anzucht – oder vielleicht auch keinen Mut. Ein schon in Spalierform gezogener Apfel-

baum ist relativ teuer (um die 50 €), trägt aber 15 Jahre lang Früchte. Beim Preis der Äpfel amortisiert sich diese Ausgabe rasch.
Zweifler können in der nebenstehenden Tabelle genau

sehen, dass man mit einigen Beutelchen Saatgut, 2 Bäumen und 6 Sträuchern zum Preis von 192 € einen Ertrag an Gemüse und Obst im Wert von etwa 2800 € erwirtschaften kann.

Tomaten sind in einem kleinen Garten auf jeden Fall rentabel, sowohl ökonomisch als auch geschmacklich.

Welche Obst- und Gemüsesorten sind vorzuziehen?

Man kann im Gemüsegarten pflanzen, was immer man gerne isst und entdecken oder ausprobieren möchte. Aber manche Sorten sind lohnenswerter als andere.

Was wenig Platz braucht

Bei einem kleinen Garten sollte eines der ersten Auswahlkriterien der Platzbedarf sein und dass die Kultur nicht zu ausladend ist. Damit scheiden Spargel und Topinambur sowie große Obstbäume aus. Letztere kann man durch Zwerg-, Säulen- oder Spalierformen ersetzen.

Was teuer ist

Ein zweites Auswahlkriterium ist im Einsparpotenzial zwischen Selbstanbau und Kauf zu sehen. Für meinen Garten habe ich über einige Jahre hinweg die Kostenersparnis pro m² Anbaufläche berechnet und dann eine Hitliste der finanziell interessantesten Sorten zusammengestellt (Tabelle).

Wie viel spart man pro m²?

Gemüse / Obst	Sparpotenzial pro m²	Gemüse / Obst	Sparpotenzial pro m²
Jostabeere	35 €	Pastinake	9 €
Tomate	22 €	Schalotte	9 €
Schw. Johannisbeere	21 €	Schwarzwurzel	8 €
Stachelbeere	20 €	Sellerie	8 €
Zucchini	18 €	Endivie	7,50 €
Erdbeere	16,50 €	Rote Bete	7 €
Topinambur	16 €	Kartoffel	7 €
Rhabarber	16 €	Brokkoli	7 €
Erbse	14 €	Haferwurzel (Weißwurzel)	6 €
Sauerampfer	14 €	Salat-Rauke	6 €
Himbeere	14 €	Spargel	6 €
Stangen- bzw. Buschbohne	13 bzw. 11 €	Lauch	6 €
Mangold	13 €	Feldsalat	5 €
Steckrübe	12 €	Kohl (Weißkohl)	5 €
Johannisbeere	12 €	Mais	5 €
Kürbis	12 €	Blumenkohl	5 €
Zwiebel	11 €	Aubergine	5 €
Radieschen und Rettich	11 €	Dicke Bohne (Sau-Bohne)	5 €
Weiße Rübe	11 €	Kohlrabi	4 €
Kopfsalat	11 €	Artischocke	3,50 €
Chicorée	11 €	Spinat	3 €
Möhre	10,50 €	Rosenkohl	3 €
Knoblauch	10 €		

Aus dieser Rangliste wird deutlich, dass die Beerenfrüchte wie Himbeeren, Johannisbeeren, Erdbeeren, aber auch Tomaten sehr lukrativ für den Eigenanbau sind. Man sollte ihnen in einem kleinen Garten den Vorzug geben. Dagegen sind Lauch, Kohl, Blumenkohl, Kohlrabi und Dicke Bohnen oder Spinat nicht so rentabel und benötigen zudem viel Platz. Ihr Anbau empfiehlt sich für den kleinen Garten nicht. Aus dem Garten sind sie aber besser als aus dem Laden, weshalb man trotzdem daran denken könnte. Der Anbau von Kartoffeln in einem kleinen Garten empfiehlt sich ebenso wenig, es sei denn man baut Frühkartoffeln an. Deren Geschmack ist unvergleichlich. Gleiches gilt für die Artischocken. Die Pflanzen brauchen viel Platz, sind aber sehr hübsch. Warum nicht zur Zierde anbauen?

Was ertragreich ist

In einem Garten, mit eingeschränkter Fläche, sollte man ertragreiche Obst- und Gemüsesorten anbauen. Die Angaben in der folgenden Tabelle sollen als Anhaltspunkte dienen. Sie variieren jedoch je nach Sorte. Wenn man auf einem Quadratmeter 300 Radieschen der ganzjährigen Sorten ernten kann, sind es bei Winterrettich dementsprechend weniger. Und die ertragreichsten Sorten zählen in der Küche nicht immer zu den beliebtesten.

Ertrag pro Quadratmeter

		Individuen pro m²	Ertrag pro m²
Gemüse	Knoblauch	50	50 Knollen
	Artischocke	1 Pflanze	7 Blüten / Jahr
	Möhre	50	4 kg
	Zucchini	1	20 kg
	Schalotte	50	3 kg
	Kernbohne	45 Körner	1,8 kg
	Grüne Bohne	60 Körner	1,5 kg
	Weiße Rübe	40	4 kg
	Zwiebel	50	3 kg
	Erbse	75 Körner	2 kg
	Kartoffel	5 bis 6 Pflanzen	7 kg
	Radieschen und Rettich	300	7 Schalen
	Rhabarber	1 Pflanze	4 kg Stiele
	Salat	10	10 Köpfe
	Tomate	4 Pflanzen	10 kg
Beerenobst	Jostabeere	1 Strauch	5 kg
	Schwarze Johannisbeere	2 Sträucher	3 kg
	Erdbeere	10 Pflanzen	2 kg
	Himbeere	20 Triebe	2 kg
	Stachelbeere	2 Sträucher	3,6 kg
	Kiwi	1 männl. und 1 weibl. Pflanze pro m²	10–50 kg
	Tafeltraube	1 Stock	Anfänglich 3 kg pro Jahr
Obstbäume	Kirsche	1	4 kg
	Pfirsich	1	6 kg
	Apfel und Birne (Halbstamm)	1	6 kg
	Pflaume	1	5 kg

Was am besten schmeckt
Und schließlich spielen weitere Kriterien eine Rolle, besonders der Geschmack, der eng mit der Erntefrische während der Saison zusammenhängt, und auch das wesentlich größere Sortiment, das beim Eigenanbau zur Wahl steht. Zum Beispiel bei den Tomaten, Radieschen oder Zucchini.

Die nun in diesem Buch folgenden Vorschläge berücksichtigen den Aspekt der Versorgung durch den Gemüsegarten, beziehen aber auch Vergnügen und Freude ein, die man beim Zupfen im Garten erlebt, oder beim Verkosten von selten im Handel erhältlichen Nahrungsmitteln.

Zusammenfassung: Was den Anbau im kleinen Garten wert ist

Kräuter, weil sie tagtäglich Verwendung finden.

Beerenobst (Erdbeeren, Schwarze Johannisbeeren, Himbeeren, Stachel- und Jostabeeren), weil es von alleine wächst und im Handel ein Vermögen kostet.

Obstbäume von kleiner Statur (Zwergsorten, Buschformen, Halbstämme, Säulen- oder Spalierformen).

Tomaten, die Königinnen des Gemüsegarten und die Sommerfreude.

Saisonales Gemüse wie **Salat, Radieschen, Bohnen, Möhren, Erbsen, Frühkartoffeln**.

Leicht konservierbares Gemüse wie **Zwiebeln oder Schalotten**.

Weiße Rüben, weil sie direkt aus dem eigenen Garten unglaublich gut schmecken.

Rhabarber, weil er im Handel nur schwer zu bekommen ist und man köstliche Desserts daraus machen kann.

Wenn man sie mag, auch **Pastinaken** oder andere vergessene Gemüsesorten, weil sie nicht immer gut zu bekommen sind.

Und wenn man ein wenig Platz hat, auch die **Artischocke**, weil es eine hübsche Pflanze ist.

Gemüse

Da nicht genügend Platz für alles vorhanden ist, nutzt man die Fläche eines kleinen Gemüsegartens zum Anbau von Gemüse für den Alltag: Kräuter, Salate, Radieschen und Rettich, Tomaten. Sorgfältig wählt man die Sorten aus, damit die Mahlzeiten jeden Tag zu einem wunderbaren Genuss werden. Um Überproduktion und Mangel auszugleichen, sät man zwar regelmäßig, aber nur kleine Mengen aus.

Die Reihenfolge, in der die Gemüsearten auf den folgenden Seiten vorgestellt werden, hängt allein mit den Vorlieben des Autors zusammen.

Gartenkräuter

Kräuter gehören zu unserer tagtäglichen Ernährung, und daher sollten sie nicht zu weit von der Küche entfernt wachsen. Ein kleines Beetquadrat reicht aus, um den Bedarf zu decken. Möchte man Platz sparen, kann man die Kräuter auch unter Spalierbäumen oder zwischen die Tomaten setzen.

Dill

Anethum graveolens
Apiaceae (Umbelliferae)
einjährig

Es ist wunderbar, im Vorübergehen Dill zu zerreiben, um den Duft zu genießen. Sowohl Blätter als auch Früchte werden in der Küche verwendet und passen gut zu Fleisch, Salat, aber auch Kuchen und Konfitüren. Der leichte Anisgeschmack, ähnlich wie Fenchel, zählt zu den besten Aromen. Die Aussaat erfolgt im Frühling breit gestreut, dann werden die Pflänzchen auf 20 cm Abstand zueinander ausgedünnt.

Die Blätter der jungen Triebe trocknet man auf Tabletts und lagert sie dann in Papiertüten. Im Spätsommer werden dann die Früchte gesammelt und mit den Gewürzen aufbewahrt, sobald sie gut getrocknet sind. Sie bringen mitten im Winter die Sommersonne zurück und einige dienen im Folgejahr als Saatgut.

Basilikum

Ocimum basilicum
Lamiaceae
einjährig

Diese Pflanze kann bis zu 60 cm hoch werden. Es gibt zahlreiche Sorten, wobei die bekanntesten wohl 'Grand Vert', 'Marseillais', 'Pourpre' und 'Canelle' sind. Beim Anbau sollte man an das ursprüngliche Verbreitungsgebiet Vietnam denken: Die Pflanzen brauchen einen hei-

ßen Sommer und viel Sonne. Die Aussaat erfolgt ab März in Schalen drinnen auf der Fensterbank. Später pikiert man die Pflanzen, entweder in größere Töpfe oder direkt in die Erde, sofern es warm genug ist (Mai / Juni). Basilikum eignet sich gut als Begleiter für Tomaten. Man erntet am besten mit den Fingern, denn das Abschneiden mit der Schere ruiniert die Pflanze. Am Anfang sollte man sie nicht zur Blüte kommen lassen, später kann man eigenes Saatgut für das Folgejahr gewinnen.

Schnitt-Knoblauch

Allium tuberosum
Alliaceae
mehrjährig

Der Schnitt-Knoblauch ähnelt sehr stark dem Schnittlauch. Er schmeckt ein wenig wie Knoblauch und Zwiebeln und passt gut zu Salaten, Rohkost oder Pfannkuchen. Man sät im März an einem sonnigen Platz in lockeren Boden. Später wird ausgedünnt, sodass alle 15 cm eine Pflanze bleibt. In den Folgejahren werden die Pflanzen durch Teilung verjüngt und vermehrt. Die Blüten schneide ich ab, damit sich mehr Blätter bilden. Gegen Ende der Saison lasse ich einige Blüten stehen, um Samen zu gewinnen.

Schnittlauch

Allium schoenoprasum
Alliaceae
mehrjährig

Schnittlauch hat die gleichen Eigenschaften wie Schnitt-Knoblauch und wird auch so verwendet, aber statt als Würze im Salat kann die Pflanze auch direkt als Salat gegessen werden. Man braucht schon einige Büschel, um den Bedarf einer Familie zu decken. Die Pflege ist einfach: Man muss regelmäßig jäten, die Stängel mit den Blütenköpfchen entfernen und die Blätter zurückschneiden, um ihr Wachstum anzuregen. Dabei wird ein Drittel entfernt, unabhängig vom Verzehr. Sobald man ein Büschel im Garten hat, kann man mehr davon kultivieren – durch Teilung oder eigene Saatgutgewinnung.

Estragon

Artemisia dracunculus
Asteraceae (Compositae)
mehrjährig

Der Anbau beginnt meistens mit einer gekauften Pflanze, die dann vermehrt wird – durch Teilung im Frühling oder Stecklinge im August. Estragon bevorzugt sonnige Standorte. Im Sommer werden die Blätter zum Trocknen geerntet. Man isst sie in Salaten, Rohkost und Eintöpfen.

Lorbeerbaum

Laurus nobilis
Lauraceae
mehrjährig

Lorbeer ist eines der obligatorischen Gewürze. Oft braucht man einige Lorbeerblätter für das Bouquet garni (Kräutersträußchen) zu Muscheln, Eintopf, Sauerkraut oder Dal (einem indischen Gericht aus Hülsenfrüchten, wie z. B. Linsen).
Der Lorbeerbaum kann rasch unerwartete Dimensionen erreichen, der Formschnitt liefert dann regelmäßig große Mengen Blätter zum Trocknen oder Verschenken. Er wird meist im Kübel gehalten, weil die Winter zu kalt für ihn sind. Im Sommer stellt man ihn dann auf die Terasse oder an einen anderen schönen Platz im Garten.

Majoran

Origanum vulgare
Lamiaceae
mehrjährig

Man kann die Blättchen in Saucen aller Arten verwenden. In feine Streifen geschnitten werden sie zu salzigem Gebäck, Pasteten und Salaten serviert.
Im ersten Anbaujahr wird Majoran ausgesät, danach teilt man die Pflanzen zu Frühlingsbeginn. Das geht aber auch im Herbst. Danach sammelt man das Saatgut. Majoran bringt übrigens im Sommer hübsche, rosafarbene Blüten hervor.

Petersilie

Petroselinum crispum
Apiaceae (Umbelliferae)
zweijährig

Das ist der Duft des Gemüsegartens. Man sollte nicht
zögern, mehr als tatsächlich
nötig anzubauen, denn dieses
Gewürzkraut ist wichtiger als
man denkt. Die Aussaat kann
beginnen, sobald der Winter
fast vorüber ist, zum besseren Keimen werden die Samen
aber zuerst 24 Stunden in
einem Glas Wasser einge-
weicht. Um eigenes Saatgut
zu gewinnen, muss man die
Pflanzen im zweiten Jahr blühen lassen, im Spätsommer
kann man dann die Früchte
zum Eintüten sammeln. Die
zu Boden gefallenen Körner
wachsen oft wild zu schönen,
robusten Pflanzen heran.

Rosmarin

Rosmarinus officinalis
Lamiaceae
mehrjährig

Wie beim Lorbeer führt auch
an Rosmarin kein Weg vorbei.
Er wird getrocknet und zum
Kochen verwendet.
Rosmarin wird bis zu 1,50 m
hoch; aber man kann ihn,
damit er sich nicht so breitmacht, in Form schneiden.
Der Schnitt fördert auch das
Erscheinen neuer Triebe. Im
Herbst vermehrt man Ros-
marin durch Stecklinge. Da er
Parasiten gut fernhält, kann
man ihn unter Bäumen oder
am Hauseingang setzen, am
besten an einem sonnigen
Standort. Eine Kompostzu-
gabe ist nicht erforderlich.

kann von den ersten schönen Tagen an bis zum Winteranfang geerntet werden. Die Triebe werden getrocknet und in großen Papiertüten aufbewahrt.

Salbei

Salvia officinalis
Lamiaceae
mehrjährig

Im ersten Anbaujahr sät man Salbei am besten in Reihen aus. Das geht prima. Danach vermehrt man die Pflanze durch Ausläufer oder Stecklinge (im Frühling).

Die jungen Blätter können roh unter Salate gemischt werden, sie passen aber auch gut zu Fleischgerichten und in Kräutertees. Außerdem hält die Pflanze den Garten gesund: Unter den Obstbäumen oder an allen vier Ecken des Gemüsegartens gesetzt, vertreibt Salbei viele Schädlinge. Und eine Jauche aus Salbei, die man auf die Tomaten sprüht, ist sehr wirkungsvoll gegen Kraut- und Braunfäule.

Grüne Minze

Mentha spicata subsp. *spicata*
Lamiaceae
mehrjährig

Es gibt zahlreiche Minzearten und -sorten für den Garten. Man verwendet sie in erster Linie für Tees, Sirup oder zu Rohkost. Um eine eigene Pflanze zu bekommen, genügt ein bewurzelter Trieb. Minze wuchert stark und man kann versuchen, sie durch eine Wurzel- oder Rhizomsperre zu bändigen oder man lässt sie einfach wachsen. Wenn sie sich zu sehr breitmacht, reißt man sie erbarmungslos aus. Minze

Sand-Thymian

Thymus serpyllum
Lamiaceae
mehrjährig

Schon ein Exemplar dieses Halbstrauches deckt rasch den gesamten Bedarf einer Familie. Fühlt er sich im Garten wohl, so beginnt er zu wuchern. Im Winter teilt man den Sand-Thymian einfach mit dem Spaten. Seine jungen Triebe isst man im Salat oder mit stärkehaltigen Gemüsen, und sie landen auch im Kräutertee.

Echter Thymian, Quendel

Thymus vulgaris
Lamiaceae
mehrjährig

Es gibt Gärten, in denen Thymian prächtig gedeiht, in anderen dagegen will er einfach nicht wachsen. Der kleine Halbstrauch braucht einen guten Standort. Die

Aussaat erfolgt im April in lockeren Boden, nötigenfalls auf einer kleinen Anschüttung zur besseren Dränage. Vermehrt wird Echter Thymian durch Stecklinge im Sommer oder durch Teilung der Stauden zum Frühlingsanfang. Geerntet wird bei Bedarf, wir nehmen ihn zu herzhaften Backwaren und zu Geflügel oder auch zum Kochen von Kräutertee.

Salate

Knackig, zart, herb, süß,
pikant oder scharf... Um die
Freuden zu vervielfachen und
ganzjährig zu ernten, unterscheidet man die Salate nach
Saison: Frühling, Sommer
und Winter. Aber Vorsicht,
das heißt nicht, dass die
Aussaat in diese Zeiträume
fiele, sondern geerntet
werden sie im Frühling,
Sommer oder Winter. Die
Aussaat erfolgt früher.

Weiterhin kann man Salate
nach ihrer Form oder Farbe
unterscheiden, oder nach
der botanischen Familie. Aus
Hunderten von Salatsorten
empfehle ich einige, die bei
uns von der ganzen Familie
geschätzt werden.

	Jan.	Feb.	März	April	Mai	Juni	Juli	Aug.	Sept.	Okt.	Nov.	Dez.
Frühlings-salate												
Sommer-salate												
Winter-salate												

Aussaatzeit   Erntezeit

Grüner Salat

Lactuca sativa
Asteraceae
einjährig

Ertrag:
10 Salate pro m²

Man kann Salate grob
einteilen in: Kopfsalat,
Romana-Salat, Frisee-Salat,
Pflücksalat, Batavia-Salat,
Kochgemüse-Salat und
Eissalat.
Es gibt so viele Sorten, dass
Sie bestimmt eine finden, die
Ihnen schmeckt.

Aussaat- oder Pflanzzeit
> Im Februar oder März
  die frühen Freilandsorten,
  wie 'Reine de Mai' oder
  'Appia'.
> Im April / Mai die späten
  Freilandsorten, wie 'Kagra-
  ner Sommer' oder 'Rouge
  Grenobloise'.
> Im Juli Sorten für die
  Herbsternte, wie 'Grosse
  Blonde Paresseuse' oder
  'Rouge Grenobloise'.
> Im August / September
  Sorten für die Wintersalate,
  wie 'Merveille d'Hiver'.

Wo? Der Boden sollte im
Vorjahr durch Kompost angereichert worden sein.

Wie? Man sät in Reihen.
Sobald sich die ersten echten
Blätter gebildet haben, kann
man auf 25 cm verziehen und

die überzähligen Pflanzen
umsetzen. Danach wird die
Bewässerung verringert, um
das Wachstum zu verlangsa-
men, bis sich ein Herz entwickelt. Das ist das Zeichen
dafür, dass die Bildung der
Köpfe einsetzt und die Pflanzen wieder einen größeren
Wasserbedarf haben.

Ernte Schnittsalat wird
direkt *über* dem Herz abge-
schnitten, damit permanent
neue Blätter nachwachsen
können. Bei allen anderen
erfolgt die Ernte bei Bedarf als
ganzer Kopf. Die Schnittsalate
kann man die gesamte Saison
über ernten, sofern man im
April und August gesät hat.

Italienische Chicoree-Sorten (Radicchio)

Cichorium intybus var. *foliosum*
Asteraceae
**mehrjährig, in Kultur zwei-
jährig angebaut**

Feldsalat

Valerianella locusta
Valerianaceae
einjährig

Das ist der Salat für Herbst und Winter schlechthin und man wird seiner nie überdrüssig. Er trägt viele volkstümliche Namen – Ackersalat, Rapunzel, Vogerlsalat...

Wann? Normalerweise sät man den Feldsalat von August bis Oktober, doch nun werden auch Sorten angeboten, die man ganzjährig aussäen kann. Die großblättrigen Sorten sind für die Aussaat im Sommer und für die Herbsternte, die kleinblättrigen werden im Winter geerntet.

Wo? Zur Aussaat im Sommer muss man schattige Orte wählen, danach kann man überall säen, sofern der Boden nicht zu fett ist.

Wie? Im Gegensatz zu anderen Salatsorten braucht man einen festen Boden (die Erde wird mit dem Rechen fest angedrückt, quasi versiegelt). Feldsalat wird in Reihen von 20–25 cm Abstand kultiviert. In den ersten 14 Tagen muss die Erde feucht gehalten werden. Danach hält man das Unkraut in Schach, damit die Reihen frei bleiben. Das ist besser für die Ernte.

Ernte Damit nicht zu viel Erde an den Blättern hängen bleibt und neue Blätter nachwachsen können (wie bei Pflücksalat), erntet man vorsichtig mit der Schere.

In der Hauptsache werden Sorten wie 'Rouge der Vérone' oder 'Rouge de Trévise' angebaut.

Wann? Die Aussaat erfolgt im Juni und Juli.

Wo? Man sät in Beete, die nach der Frühkartoffel- oder Erbsenernte frei werden.

Wie? Die Pflanzen müssen konsequent ausgelichtet werden. Die jungen Blätter kann man gleich essen. Zum Herbstbeginn wird das Blattgrün oben abgenommen, um die Bildung der kleinen Köpfe anzuregen.

Ernte Es dauert etwa 6 Monate, bis die hübschen Pflanzen die kugeligen Köpfe entwickeln, aber im Frühling folgen dann Augenweide und Gaumenschmaus.

Endivie

Cichorium endivia
Asteraceae
zweijährig

Es gibt zahlreiche Endivien-
sorten, doch die bekannteste
ist wohl die Sorte 'Géante
Maraîchère', eine gute Herbst-
endivie. Sie liefert bis zu
Weihnachten ihr Grün, wenn
man einen geschützten Standort für sie findet und die
ersten Fröste nicht zu streng
sind.

Wann? Die Aussaat erfolgt
im Juli.

Wo? Man benötigt ein sonnig
gelegenes Beet, das ordentlich mit Kompost angereichert
wurde.

Wie? Nach Aussaat im
Anzuchtbeet oder direkt in der
Reihe müssen die Pflanzen auf
40 cm Abstand verzogen werden.

Ernte Vor der Ernte werden
die Endivien gebleicht, indem
man einen Topf darüberstülpt
oder die Blätter zusammen-
schnürt. Das ist aber riskant,
weil Endivien bei Regen faulen,
wenn der Herbst feucht ist.
Sobald die Wettervorhersage
eine Phase mit starkem Frost
ankündigt, sollte man alles
abernten. Man kann Endivien
auch gekocht verzehren, so
geht nichts verloren!

Weitere Blattgemüse für einen hervorragenden Salat

In den meisten Gemüsegärtchen findet sich auch eine Stelle für
die **Salat-Rauke** (*Eruca sativa*, Brassicaceae, einjährig) mit ihrem
leicht pikanten Aroma. Sie wird von Februar bis September ausgesät und kann bis zum Winter hin verzehrt werden. Man sät alle
3 Wochen breitwürfig auf kleiner Fläche.
Etwas **Löwenzahn** (*Taraxacum officinale*, Asteraceae), unter einem
Tontopf gebleicht, passt gut zu Speckwürfeln. **Krähenfuß-Wege-
rich** (*Plantago coronopus*, Plantaginaceae, zweijährig, in Kultur
einjährig angebaut) gehört zu den Gemüsen, die man nur zum
Verzehr bekommt, wenn man sie selbst anbaut. Hat man die erste
Aussaat im Frühling gemacht, muss man nur noch ernten. Ein hal-
ber Quadratmeter reicht weit über ein Jahr.

Radieschen und Rettich

Raphanus sativus
Brassicaceae
einjährig

Radieschen und Rettich aus dem Garten – frisch gepflückt auf den Tisch… Man könnte eine ganze Mahlzeit daraus machen.

 Ertrag: 300 Stück (7 Schalen) pro m²

Durch jahrzehntelange Prägung auf die langen roten und weißen Frühlingssorten unterschätzt man oft die bunten Sorten. Saisonabhängig unterscheidet man ganzjährige lange und runde Sorten sowie die Sommer-, Herbst- und Wintersorten. Auch wenn die Züchtungen 'Cracou' oder '18 Jours' sehr gut sind, könnte man weitere Sorten mit ausgeprägtem Aroma anbauen, um Aperitifs und Vorspeisen zu bereichern.

Die besten Sorten:

Weiße Sorten
'Eiszapfen', lang, ganzjährige Kultur (von April bis September).
'Sniezka', rund, Aussaat von März bis September.
'Chandelle de Glace', lang, ganzjährige Kultur (von Februar bis September).

Gelbe Sorten
'Zlata', eine wunderbare Sorte aus Ungarn, steht für besten Geschmack.
'Jaune D'Or Ovale', Aussaat von März bis Juli.

Blaue Sorten
'Hilds Blauer'. Dieser delikate Winterrettich kommt aus China, auch wenn der Name nicht darauf schließen lässt.

Violette Sorten
'Malaga', rund, ganzjährige Kultur (von Februar bis September), kann schon nach 40 Tagen verzehrt werden.
'Jutrzenka', rund, violett mit weißem Fleisch, ganzjährige Kultur (von März bis Ende August).

'Violet de Gournay', eine fette violette Rübe mit weißem Fleisch, wird von Juni bis August gesät.

Zweifarbige Sorten
'Buonissimo D'Ingegnoli', rund, rot mit weißer Spitze, ganzjährige Kultur (März bis September).
'Sézanne', rund, rosafarben mit großer weißer Spitze, wird von Februar bis September gesät.

Schwarze Sorten
'Long Maraîcher' ist eine große Rübe, wird ab April gesät, die Sommeraussaat verträgt Frost.
'Rond de Paris' wird im Sommer (ab Juni) gesät und im Herbst und Winter geerntet.

Zusammen mit Möhren gesät, erspart man sich das Jäten und Ausdünnen der Möhrenreihen.

Wann? Je nach Sorte erfolgt die Aussaat zwischen Februar und September. Da Radieschen und Rettiche schnell wachsen, sät man etwa alle 2 Wochen nach. Am besten ist es, wenn man den Bedarf gut abschätzen kann, damit man nicht auf einmal zu viel Ertrag oder gar keinen hat. Winterrettich (z. B. 'Noirs' rund oder lang, 'Rose de Chine', 'Violet de Gournay') wird im Spätsommer ausgesät.

Wo? Die Sorten brauchen viel Licht und Wasser, also wählt man am besten Stel-

len aus, zu denen es mit der Gießkanne nicht zu weit ist. Gesät wird in komposthaltigen Boden.

Wie? Runde Sorten werden an der Oberfläche, die langen in etwa 3 cm Tiefe gesät. Sie gehen innerhalb weniger Tage auf und sehen aus wie ein Kleeblatt. Man sät in Reihen und lichtet später auf einige Zentimeter aus. Die entnommenen Sämlinge kann man leider nicht wieder pflanzen. Durch die Aussaat in Gesellschaft von Möhren können beide unkrautfrei gehalten werden, und nach der Radieschenernte haben die Möhren mehr Platz (siehe Abschnitt Möhren).

Ernte Achtung, wenn es an der Zeit ist, dann ist es an der Zeit! Es gibt Gemüse, die es durchaus vertragen, wenn man sie einige Tage länger stehen lässt (Kartoffeln, Bohnen) – aber nicht die Radieschen und Rettiche. Sie werden sehr scharf, holzig und im schlimmsten Fall madig. Im Gegensatz zu den meisten Gemüsen, die man bei Bedarf erntet, diktieren also die Rüben den Bedarf, sobald sie ausgewachsen sind. Winterrettich wird von Beginn des Herbstes an bis Dezember geerntet, vor Frost sollte man ihn allerdings schützen. Man isst ihn frisch, oder lagert ihn, wenn der Ertrag zu groß ist.

Tipp

Ziehen Sie mit dem Rechen eine leichte Rille, in die Sie danach die Rechenzinken drücken. In jedes Loch legen Sie ein Samenkorn. Dadurch ist das Säen ökonomisch. Es mag sich ermüdend anhören, aber man muss die Radieschen später nicht ausdünnen. Und da sie sich gegenseitig weder unter der Erde noch darüber Konkurrenz machen, wachsen sie besser. Da Winterrettich wesentlich größer wird, sät man diesen im Abstand von vier Rechenzinken.

Die Rettich-Sorte 'Daikon', eine lange, weiße Rübe.

Tomate

Lycopersicon esculentum
Solanaceae
mehrjährige Staude in
einjähriger Kultur

Direkt vor dem Verzehr
geerntet sind Tomaten
einfach unvergleichlich gut!

 Ertrag: 10 kg
(bei 4 Pflanzen) pro m²

Bunt gemustert, weiß, gelb,
orange, grün, rosa, rot, pur-
purn, schwarz und sogar blau,
dazu klein, mittelgroß oder
riesig – da findet jeder etwas.
Dieses ertragreiche Fruchtgemüse eignet sich für jede Gartengröße, es gibt sogar „Mini-
aturformen", die wirklich
nicht viel Platz brauchen.

Wo bezieht man sie?

Im ersten Anbaujahr eines
Gartens beschafft man sich
die Pflanzen im Handel. Meistens ist es ja schon zu spät,
um selbst welche zu ziehen.
Die Klassiker 'Roma', 'Marmande' oder 'Saint Pierre'
sind an jeder Ecke zu bekommen. „Charaktervollere" Sorten sind als Samen nur aus
Katalogen oder bei Amateur-
gärtner-Vereinen zu beziehen.

Die besten Sorten

Es ist schwer, eine Favoriten-
liste der besten Tomaten auf-
zustellen, aber es gibt einige

Namen, die von Tomatenlieb-
habern immer wieder genannt
werden.
> Rote: 'Édouard', 'Potiron
  Écarlate', 'Stupice', 'Téton de
  Vénus'
> Rosafarbene: 'Rose de
  Berne', 'Brandywine', 'Anna
  Russian'
> Grüne: 'Green Velvet',
  'Green Zebra', 'Prune Verte'
> Schwarze: 'Noire de Crimée',
  'Noire de Tula', 'Black Pear'
> Orangefarbene: 'Persim-
  mon', 'Tangerine', 'Auriga',
  'Kaki Coing'

'Green Zebra'

Kirschtomaten

Man darf sie auf keinen Fall vergessen. Sie sind einfach anzubauen und sehr ertragreich. Das beweisen u.a. die Sorten 'Orange Bourgoin', 'Fruity Orange', die schwarzen 'Black Cherry' und 'Prune Noire'.

Kleinwüchsige Sorten

Es gibt zahlreiche Sorten, die nicht höher als 1 m aufwachsen, darunter 'Joyau D'Idaho', 'Chaperon Rouge' oder 'Sputnik'. Man findet sogar Sorten, die unter 50 cm bleiben ('Green Sausage', 'Fuzzy Wuzzy'). Diese kleinen Sorten kann man gut als Topfkulturen anbauen. Generell eignen sich alle Tomaten für den Anbau in Kübeln, sofern diese groß genug sind.

Wann? Die Aussaat erfolgt 2 Monate vor dem Auspflanzen. Wenn man sich mit dem Auspflanzen nach den Eisheiligen im Mai richtet, um Frostschäden zu verhindern, dann sollte man in der ersten Märzhälfte säen.

Wo? Diese Kultur beansprucht zu verschiedenen Zeiten verschiedene Orte. **Saat und Anzucht** erfolgen in Schalen (geeignet ist alles von Styroporkästen bis zur Suppenschüssel) bei 20–25 °C, damit die Samen keimen, an einer sonnigen Stelle auf der Fensterbank oder Heizung.

Etwa 3 Wochen nach der Aussaat.

Kurz vor dem Auspflanzen.

Zum Auspflanzen wählt man die Beete des Gemüsegartens, die viel Sonne und einen guten Wind- und Regenschutz bieten. Falls nötig pflanzt man sie wegen Wind oder Regen im Schutz anderer Gemüsepflanzen, wie Erbsen oder Stangenbohnen. Die Tomate zählt zu den wenigen Gartengemüsen, bei denen man auf den jährlichen Standortwechsel verzichten kann. Es scheint sogar so zu sein, dass die Pflanzen im zweiten und dritten Jahr am selben Standort kräftiger werden.

Wie?

Aussaat Die Behälter werden einige Zentimeter hoch mit Anzuchterde befüllt und diese angedrückt. Man legt

Die Jungpflanzen müssen immer gut gewässert werden.

Wenn die Pflanzen sich „kringeln", muss man nur den unteren Teil des Stängels mit eingraben.

alle 2 cm ein Körnchen ein und bedeckt alles mit einem halben Zentimeter Erde, die leicht angedrückt wird. Es muss regelmäßig gegossen werden, damit das Substrat feucht bleibt, ohne jedoch die Samen zu ertränken.

Pikieren

Sobald die jungen Sämlinge die ersten beiden echten Blätter entwickeln, werden sie pikiert und dazu in einzelne Töpfe gesetzt. Man steckt die Pflänzchen bis zu den Blättern in die Erde, damit sie gut wurzeln. Man darf auf keinen Fall vergessen, sie mit Regenwasser zu gießen, das sich mindestens 24 Stunden auf die Umgebungstemperatur angewärmt hat.

Pflanzung

Die Jungpflanzen werden abgehärtet, indem man sie an

die frische Luft stellt, sobald das Wetter günstig ist. Man muss darauf achten, dass sie nie Temperaturen unter 5 °C ausgesetzt sind, weil das zu verzögertem Wachstum führt. Sobald kein Frost mehr zu erwarten ist, kommt der Moment zum Auspflanzen. Man füllt die Löcher mit gut zwei Handvoll Kompost und darüber etwas feiner Erde, damit die Wurzeln nicht direkt mit dem Kompost in Berührung kommen, setzt eine Stütze, und dann kommt die Tomate hinein. Die Pflanzstütze sollte 2 cm vom Trieb und die unteren Blätter direkt über dem Erdboden stehen. Das Pflanzloch wird gefüllt und man lässt ein kleines Gießloch, damit das Wasser auch zu den Wurzeln dringt. Zu diesem Zweck kann man auch einen Tontopf eingraben (s. Seite 24).

 Tipp

Wenn nötig kann man die Jungpflanzen vor kaltem Wind mit Tonziegeln schützen. In England macht man aus Flaschen oder Steinen einen Schutz, der auch die Wärme des Tages speichert und nachts abgibt. Sind die Flaschen oder Steine schwarz angestrichen, ist es noch wirksamer.

Man stützt Tomaten und schneidet sie zurück, um den Ertrag auf kleiner Fläche zu optimieren.

Schnitt

Die meisten Tomatensorten benötigen eine Stütze, damit sie aufrecht wachsen, und einen regelmäßigen Schnitt, um das Blattwerk zu reduzieren und damit die Fruchtbildung anzutreiben. Das ist nicht schwierig. Man muss dazu nur die sekundären Seitentriebe an der Blattachse (mit den Fingern) abknipsen, dann geht die Kraft wieder in den Haupttrieb. Blätter, die nahe oder am Boden liegen, entfernt man, damit sie nicht mit feuchter Erde in Kontakt kommen. Es ist auch wichtig, dass Luft an die Pflanzen kommt, um Regen oder Tau zu trocknen.

Die Triebe werden fest an die Stützen gebunden, sobald sie höher als 30 cm geworden sind. Es wird empfohlen, die Tomatenpflanzen oberhalb der fünften Blütenreihe zu kappen, weil die Früchte der folgenden Blüten in unserem Klima sowieso keine Zeit mehr zum Reifen haben.

Aufgrund von Kraut- und Braunfäule kahl geworden, schaffen es diese Tomaten mehr schlecht als recht zu reifen.

Vorteilhafte Pflanzengemeinschaften

Tomaten gedeihen gut in der Gesellschaft von Kapuzinerkresse, Ringelblumen und Basilikum. Um die Anbaufläche optimal zu nutzen, kann man zu Beginn der Kultur (Mai / Juni) Radieschen und Möhren (aus der Februar- bzw. Märzsaat) dazwischen setzen. Größtmögliche Entfernung sollten die Tomaten zu den Kartoffeln einhalten, weil beide von der gleichen üblen Kraut- und Braunfäule (bzw. Kraut- und Knollenfäule) befallen werden können.

Schutz vor Kraut- und Braunfäule

Wenn man nicht achtgibt, kann der Pilz eine ganze Kultur innerhalb weniger Tage vernichten. Das lässt sich jedoch vermeiden. Um schwerwiegenden Befall zu verhindern, sollte man betroffene Pflanzenteile immer entfernen. Das Blattwerk sollte nicht dauerhaft nass werden (beim Gießen oder durch Regen). Ein gut durchlüfteter, nährstoffreicher Boden ist für die Entwicklung des Pilzes weniger anfällig. Auch oberirdisch ist auf gute Luftzirkulation gegen

die Feuchtigkeit zu achten. Kraut- und Braunfäule verträgt kein Kupfersulfat (z. B. Bordelaiser Brühe, eine Mischung aus Kupfersulfat und Kalk) und Gärtner stellen daraus ein Spritzmittel zur Vorbeugung her. Als Ersatz für diese Brühe, deren Verwendung im Garten nicht ohne Auswirkung auf die Bodenorganismen bleibt, kann man aus Salbei[1] eine Abkochung herstellen, die sowohl vorbeugt als auch

---

1 Diese Methode wurde von Sébastien Bertier, einem Biobauern aus der Drôme, entwickelt.

Rezept für Salbeibrühe

> 200 g Blätter
> 10 l Regenwasser
> Blätter ins Wasser geben und auf 80 °C erhitzen.
> Nach dem Abkühlen filtern und auf die Pflanzen spritzen.

heilt. Salbei ist ja für seine keim- und pilztötenden Eigenschaften bekannt.
Solange der Befall sich in Grenzen hält und die Wetterlage auf Seiten des Gärtners ist, kann man den Pilz bekämpfen, indem man regelmäßig die Blätter schon bei geringsten Symptomen entfernt.

Ernte

Die Tomatenmenge, die man von wenigen Stöcken erntet, ist oft beeindruckend: mehrere Kilogramm. Erwarten Sie aber nicht, dass Sie bei wenigen Pflanzen Wintervorräte wie Tomatenpüree anlegen könnten. Aber der Bedarf für Sommer und Frühherbst ist gedeckt. Kirschtomaten werden oft schon vom Gärtner bei der Gartenarbeit genascht, oder von den Kindern. Bei ungünstigem Wetter oder gegen Ende der Saison kann man die Tomaten auch unreif ernten und sie zum Nachreifen auf die Fensterbank legen. Grüne, sprich unreife Tomaten kann man zu Konfitüre verarbeiten.

Kraut- und Braunfäule bewirkt schwarze Flecken auf den Trieben und Blättern.

Die Früchte können drinnen nachreifen, sobald es draußen zu kalt wird.

Kartoffel

Solanum tuberosum
Solanaceae,
mehrjährige Staude in
einjähriger Kultur

Auch wenn die gewöhnlichen
Kartoffeln bei einem kleinen
Garten nicht rentabel sind,
lohnt sich allemal der Anbau
von Frühkartoffeln!

 Ertrag: 1 kg pro Pflanze
1 m² = 7 kg

Eigentlich hat die Kartoffel
in einem kleinen Garten gar
nichts zu suchen, weil der
Anbau genau zu dem Zeit-
punkt (Frühlingsende / Som-
meranfang) viel Platz beansprucht, wenn man Tomaten
pflanzen oder Bohnen säen
möchte. Aber man will vielleicht Frühkartoffeln anbauen,

Sorten für den kleinen Gemüsegarten

Man wählt in erster Linie fest-
kochende Sorten, da sie für
viele Gerichte besser geeignet
sind. Durch die früh reifenden
Sorten (nach 70–110 Tagen)
bekommt man ganz früh in
der Saison die erste Ernte und
hat wieder Platz frei, sofern
man alles auf einmal gesetzt
hat. 'La Belle de Fontenay',
'Ratte' und 'Charlotte' sind
erprobte Sorten, doch gibt es
noch mehr zu entdecken.

die eher – noch bevor die
Pflanze ausgewachsen ist –
geerntet werden und deshalb
eine ganz zarte Schale haben.
Zudem kann man auch ohne
den Einsatz von Chemikalien
den Ertrag der kleinen Anbaufläche steigern.

**Durch Kartoffelanbau berei-
tet man den Boden für den
Gemüsegarten vor.** Wenn
man noch nicht weiß, wie
man den Gemüsegarten ein-
teilen soll, dann ist die Kartoffel die beste Lösung. Der konventionelle Kartoffelanbau
erfordert regelmäßige Boden-
bewegung und verhindert
die Verbreitung wuchernden

Unkrauts, denn es wird dabei
mit ausgerissen. Vorbereitung
des Bodens, Anhäufeln, noch-
maliges Anhäufeln, Ausreißen
– das alles passiert innerhalb
von weniger als 4 Monaten.

Die Sorten Man nimmt
am besten Frühkartoffeln
oder sehr frühe Sorten (siehe
Etikett), die innerhalb von
70–110 Tagen wachsen. Die
späten Sorten brauchen etwa
150 Tage.

Wann? Um regelmäßig Frühkartoffeln auf dem Tisch zu
haben, sollte man die Pflanz-
termine staffeln. Einige legt
man so früh wie möglich

Gartenputz und Kartoffelanbau ohne Mühe

Die Fläche, die Sie kultivieren möchten, ist von hohem Gras bedeckt. Wie macht man daraus eine Anbaufläche? Eine Möglichkeit ist die Verwendung der Karton-Methode in leicht abgewandelter Form.

> Bewuchs bis auf den Grund mähen und liegen lassen.
> Mit unbedruckten Kartonnagen bedecken (achten Sie darauf, dass die Klammern entfernt sind).
> Mit dem Papiercutter kreuzförmig einschneiden und dort die Kartoffeln in die Erde legen (bei sehr trockenen Böden etwas gießen).
> Mit einer dünnen Strohschicht bedecken.
> 90 Tage warten und dann die Frühkartoffeln verzehren.

Wenn man nicht an eine Handvoll Kompost für jede Pflanze gedacht hat, darf man nicht mit einem immensen Ertrag rechnen. Aber mit dieser Methode kann man ohne große Arbeit eine erste Ernte einbringen und gleichzeitig den Bodenbewuchs vernichten. Nach 2–3 Monaten sind die Pflanzen unter dem Karton verschwunden und die Regenwürmer haben den Boden gut gelockert.

Gekeimte Knolle, die zum Pflanzen bereit ist.

(Februar / März) unter Wuchsfolie zum Schutz vor Frost, denn Kartoffeln sind sehr empfindlich. In den Folgemonaten legt man regelmäßig nach. Je nach Klima kann man bis Juli /August weitermachen und auch im Herbst noch Frühkartoffeln ernten. Manchmal muss man sie zum Schutz vor dem ersten Frost mit einer Folie zudecken.

Wo? Für schöne Knollen sollte man ab Spätherbst auf dem vorgesehenen Beet ordentlich Kompost ausbringen. Die Kartoffel genießt auch Asche, als Kalziumgabe vor der Pflanzung (eine Hand-

voll pro m²). Bei gewöhnlichem Anbau sollte der Boden etwa 30 cm tief aufgelockert werden. Beim Anbau unter Stroh genügt es, wenn man die obere Bodenschicht aufkratzt.

Wie? Normalerweise sind die Saatkartoffeln aus dem Handel schon bereit zum Auspflanzen, aber manchmal muss man sie noch einige Zeit im Licht lagern (einige

Im Vergleich zum traditionellen Kartoffelanbau (rechts) liefert der Anbau unter Stroh oder Kompost (links) einen erheblich höheren Ertrag.

Wochen), damit sie keimen. Für kleine Gärten sollte man kleine Mengen Saatkartoffeln einer Sorte kaufen (Beutel mit 5–10 Knollen). Auch kleine Biokartoffeln, die nicht mit Mitteln gegen das Keimen behandelt wurden, eignen sich für den Anfang als Saatkartoffeln.

Der **traditionelle Anbau** erfolgt etwa 10 cm tief. Entweder macht man einzelne Löcher oder eine Rinne. Der Abstand der Reihen sollte 75 cm betragen. Sobald die Triebe aufgehen, häufelt[1] man die Kartoffeln zwei- bis dreimal an.

Bei **Kartoffelanbau unter Stroh** („Lazy bed") wird die Saatkartoffel auf den Erdboden gelegt und dann mit einer dicken Schicht (20 cm) Stroh oder besser Kompost bedeckt. Sobald die Pflanzen aus dem Stroh kommen, sollte man eine weitere Schicht auflegen. Da das Anhäufeln entfällt, kann man pro m² doppelt so

---

1 Anhäufeln heißt, dass man um den Fuß der Pflanze die Erde zu einem kleinen Häufchen zusammenzieht. Dabei wird Unkraut entfernt und der Haufen verhindert, dass die Knollen grün werden. Dann sind sie nicht mehr zum Verzehr geeignet.

viele Stöcke setzen wie bei der traditionellen Methode. Das heißt, man braucht nur halb so viel Fläche, um denselben Ertrag zu erzielen.

Ernte Die Ernte erfolgt bei Bedarf. Beim traditionellen Anbau gräbt man die Pflanzen mit einer Grabegabel aus, während man beim Strohanbau das Stroh mit den Händen wegschieben und die Knollen einfach auflesen kann.
Nach einigen Jahren wird man neugierig und entdeckt die Welt der Kartoffeln, die ebenso unendlich wie die der Tomaten ist.

Rhabarber

Rheum rhabarbarum
Polygonaceae
mehrjährig

Ein oder zwei Rhabarber-
pflanzen machen sich immer
gut im Garten, auch wenn
eine Pflanze sogar 2 m²
Fläche besetzen kann.

 Ertrag: 4 kg
(pro Pflanze) pro m²

Rhabarber erfüllt zweierlei
Funktionen: Er ist sowohl ess-
bar als auch dekorativ mit seinen großen Blättern und der
beeindruckenden Blüte.

Wann? Rhabarber wird im
Frühling gepflanzt. Wenn Sie
einen alten Wurzelstock entdeckt haben, graben Sie ihn
während des Winters aus und
dann teilen Sie das Rhizom in
Stücke. Ansonsten kauft man
eine Jungpflanze.

Wo? Rhabarber braucht
nährstoffhaltigen Boden.
Dafür hebt man ein etwa
50 cm tiefes und breites Loch
aus und füllt es mit Kompost.
Er bevorzugt außerdem einen
im Sommer kühlen Standort.

Wie? Rhabarber sollte im
Abstand von etwa 1,50 m
gesteckt werden, und zwar
so, dass die Blattknospen
direkt unter der Oberfläche

Die schönen Blüten des Rhabarbers.

liegen. In jedem Winter muss
eine Schicht Kompost verteilt
werden. Nach einigen Jahren
gräbt man den ganzen Wur-
zelstock aus und pflanzt zur
Verjüngung nur ein Rhizom
wieder ein.

Ernte Das Blattwerk des Rhabarbers ist giftig (man kann
aber die Blätter nach Einlegen

in kaltes Wasser mit anschlie-
ßender Vergärung als Mittel
gegen Blattläuse einsetzen).
Geerntet werden die Blatt-
stiele (Stangen). Nach dem
Schälen schneidet man die
Stangen in kleine Würfel, um
daraus Marmelade, Kuchen-
belag oder Kompott herzu-
stellen. Rhabarber passt auch
sehr gut zu Fleisch und Fisch.

Möhre

Daucus carota
Apiaceae
zweijährig, in Kultur einjährig

Es gibt wohlschmeckende
Möhren und welche, die man
als Nahrung isst. Die aus
dem eigenen Garten sind
einfach köstlich.

Ertrag: 4 kg
(50 Möhren) pro m²

Möhren gibt es kurz, lang,
stumpf, aber auch weiß, gelb,
rot oder violett-weiß. Sie
schmecken gekocht und roh
wunderbar, als Vorspeise und
auch als Dessert.

Die besten Sorten Klassiker
unter den Möhren sind 'Nan-
taise', 'Colmar à Coeur Rouge',
'Toucheron', 'Saint Valéry',
die gelbe 'Jaune Du Doubs'
und die weiße 'Blanche de
Kuttingen'.

Tipp

Wer steinigen Boden hat,
sollte sich für den Anbau
in Hochbeeten erwär-
men, weil die Wurzeln der
Möhren es nicht vertra-
gen, wenn ihr Wachstum
behindert wird.

Möhren bevorzugen leichte, tief gelockerte Böden.

Wann? Die Aussaat erfolgt
ab Februar bis in den Juli.
Die erste Aussaat sollte zum
Schutz unter Folien stehen,
wird dann aber früh reif.

Wo? Der Boden muss leicht
sein. Man sollte aus diesem
Grund kurz vor der Aussaat
keinesfalls Kompost oder Mist
einarbeiten.

Wie? Man kann Möhren und
Radieschen bzw. Rettiche gut
zusammen säen. Ich lege bei
der Einzelsaat in einer Rille
abwechselnd einen Möhren-
samen und ein Radieschen in
die Saatlöcher (im Abstand
der Rechenzinken). Die Rille
wird geschlossen und die
Erde mit der flachen Seite

des Rechens ordentlich angedrückt. Das Ausdünnen der
Möhren, normalerweise eine
Sträflingsarbeit, geschieht
bei der Radieschenernte, was
wesentlich netter ist. Alle
10 cm bleibt eine Möhre stehen. Je mehr Platz man lässt,
desto besser entwickeln sich
die Möhren.

Ernte Die Ernte der Rüben
erfolgt meist 110 Tage nach
der Aussaat. Sie dauert von
Anfang März bis Dezember.
Die Märzernte sind späte
Sommeraussaaten, die über
den Winter hinweg langsam
gewachsen sind. Man gräbt
Möhren mit der Grabegabel
aus, weil die Rübe sonst
zerbricht.

Pastinake

Pastinaca sativa
Apiaceae
zweijährig, in Kultur einjährig

Pastinaken sind das Flagg-
schiff der vergessenen
Gemüsearten. Sie sind
einfach anzubauen, wenn
man es geschafft hat, dass
sie aufgehen. Das ist etwas
abenteuerlich und hängt
von der Qualität des Saat-
guts ab. Danach wächst die
Pflanzen von allein, es sei
den die Feldmäuse hatten
etwas anderes damit vor.

 Ertrag: 20–25 Pasti-
naken (4 kg) pro m²

Pastinaken stammen aus derselben Pflanzenfamilie wie
die Möhren, und man kann
sie roh, gerieben (mit anderer Rohkost) oder über Dampf
gegart, aus dem Ofen, als Gra-
tin, Püree oder in der Suppe
verzehren. Frittiert sind sie
ein Gaumenschmaus für die
Kleinen und die Großen.

Die besten Sorten Allmäh-
lich erhält man im Handel
Samenpäckchen der Sorte
'Long Holkuin de Guernesey'.
Wer gut aufpasst, kann auch
'White Gem' finden, eine Rübe
mittlerer Länge von außeror-
dentlichem Geschmack.

Wann? Die Aussaat erfolgt
von Februar bis Juni. Nach
14 Tagen gehen die Pflanzen
auf. 4 Monate später kann
man ernten.

Wo? Der Boden sollte gut
belüftet sein und nicht zu
frisch. Pastinaken brauchen
viel Licht und Sonne. Die
Zugabe von Kompost im vorausgegangenen Herbst ist
sehr wirkungsvoll.

Wie? Gesät wird reihenweise
in etwa 1 cm tiefe Rillen, die
danach mit Erde bedeckt, gut
angedrückt und dann gegossen werden. Die Rechenbreite
eignet sich gut als Maß für
den Abstand der Reihen. Man
sät in lichtem Abstand, wenn
man sicheres Saatgut hat.
Falls das Tütchen aber schon
zwei Winter erlebt hat, muss
man dichter streuen. Die
Pflanzen werden ausgedünnt
und auf mindestens 15 cm
verzogen.

Ernte Die Ernte beginnt im
Frühsommer und dauert bis
in den Winter hinein. Je länger man die Rüben in der Erde
belässt, desto süßer wird der
Geschmack.

Weiße Rübe, Mai-Rübe

Brassica rapa subsp. *rapa*
Brassicaceae
zweijährig, in Kultur einjährig

Solange man nicht gärtnert, beachtet man dieses Gemüse kaum.

 Ertrag: 40 Rüben (4 kg) pro m²

Die erste Weiße Rübe, die man erntet, ist etwas ganz Besonderes: Man schneidet sie gleich bei der Ernte in feine Scheiben, kostet vorsichtig knabbernd ein kleines bisschen und dann ein wenig mehr, um schließlich festzustellen, dass man schon seit Jahren etwas verpasst hat.

Die besten Sorten Das Sortiment, das man im Gemüsegarten anbauen kann, ist groß, die wichtigsten Sorten sind 'Blanc Des Vertues Marteau', 'Jaune Boule d'Or', 'Demi-Long de Croissy', 'Milan Rouge' und 'Rond Boule de Neige'.

Wann? Je nach Sorten gibt es zwei Aussaatperioden. Ab Spätwinter und bis ins späte Frühjahr werden die Sorten für die Frühjahrs- und Sommerernte gesät. Die im Herbst und Winter reifen Sorten werden zwischen Juli und September ausgebracht. Dann kann man kleine, zarte Rübchen zum Winteranfang ernten. Man muss darauf achten, dass man wirklich die kälteunempfindlichen Sorten sät.

Wo? Es ist wie bei Rettich: Je schneller die Pflanzen wachsen, desto besser. Man wählt einen sonnigen oder halbschattigen Standort, der mit geringer Menge Kompost aufgebessert wurde. Im Schatten von Bäumen oder hohen Pflanzen gedeihen sie noch besser.

Wie? Die Saat erfolgt einzeln in 1 cm Tiefe, die Körnchen sind winzig. Zu Beginn muss man reichlich gießen. Sobald sich die ersten echten Blätter zeigen, lichtet man die Reihen und belässt eine Pflanze pro 10 cm. Theoretisch pflanzt man die gezogenen Sämlinge nicht wieder ein, man kann es aber trotzdem versuchen. Benötigt man mehrere Reihen, legt man sie im Abstand von 25 cm an.

Ernte Die Ernte erfolgt etwa 2 Monate nach Aussaat. Mit dem Ausgraben der ersten Rüben dünnt man zugleich aus. Je eher man sie erntet, desto geringer ist die Gefahr von Madenfraß und desto besser schmecken sie.

Nichts ist besser als frisch geerntete Weiße Rübchen.

Erbse

Pisum sativum
Fabaceae
einjährig

Der Anbau buschwüchsiger Erbsensorten nimmt viel Platz in Anspruch, und darum sollte man auf die rankenden (Stangen-)Erbsen ausweichen, die leicht einen Platz im Gemüsegärtchen finden. Ihre Ernte bereitet auch keine Rückenschmerzen!

Ertrag: 2 kg pro m²

Frische Hülsen schmecken unvergleichlich gut.

Die besten Sorten Man hat reichlich Auswahl bei der Vielzahl der Sorten, seien es zwergwüchsige oder hoch rankende, aber auch bei Schalerbsen (glatt), die im Herbst oder Spätwinter gesät werden, und Markerbsen (runzelig), die im Frühling gesät werden. Meine Familie und ich bevorzugen Mangetout-Erbsen, wie die Züchtung 'Carouby de Maussane', die man sehr früh erntet und die sich gewöhnlich nirgends kaufen lässt. Die Sorte 'Roi Des Conserves' wird getrocknet und lässt sich gut konservieren.

Saatzeitpunkt Die Sorten mit den runden, glatten Körnern sät man erstmals im Oktober und November, dann wieder von Februar bis April. Von März bis Juli kann man Markerbsen, mit runzeligen Körnern, säen. Bei mildem Klima kann man die glatten Herbstsorten problemlos mit Schutz überwintern. Sie vertragen bis -14 °C.

Wo? Die Beete werden im Herbst mit einem mittleren Komposteintrag vorbereitet. Am besten wäre ein sonniger Standort. Da die Erbsen bis 2 m hoch wachsen können, eignen sie sich gut als Sichtschutz. Wenn man aber vermeiden möchte, dass sie die benachbarten Kulturen beschatten, sollte man die Reihen in Nord-Süd-Richtung anlegen.

Wie? Sowohl die niedrigen als auch die hohen Sorten sät man in Reihen aus. Die Rille ist nur 1–2 cm tief. Bei den niedrigen Erbsensorten stehen die Reihen mit 40 cm Abstand. Äste eignen sich gut, um die Pflanzen einigermaßen gerade zu halten. Die Stützen werden bei der Saat mit gesteckt. Sobald die Pflänzchen etwa 10 cm hoch sind, kann man sie anhäufeln, damit sie nicht bei Wind oder durch ihr Gewicht umknicken.

Ernte Ganz nach Bedarf. Die Mangetout-Erbsen sollten so früh wie möglich abgeerntet werden, weil sie dann am besten schmecken.

Grüne Bohnen

Phaseolus vulgaris
Fabaceae
einjährig

Es gibt eine Vielzahl an Bohnen unterschiedlicher Wuchsformen: Busch- oder Zwergbohnen-Sorten, die mit Hülse ganz gegessen werden (Brechbohnen), Zwergbohnen zum Schneiden, Zwergbohnen zum Enthülsen, Stangenbohnen zum Ganzessen oder zum Enthülsen.

Ertrag: Bohnen zum Ganzessen: 1,5 kg pro m²
Kernbohnen: 1,8 kg pro m²

Je nach Licht- und Schattenverhältnissen wählt man zwischen Busch- / Zwerg- und Stangenbohnen. Bei gleicher Grundfläche sind die Stangenbohnen ertragreicher, sie bereiten auch keine Rückenschmerzen beim Ernten und bilden bezaubernde Pflanzenmassen, die dem Garten Struktur geben. Man kann sie reihen- oder pyramidenförmig an Stangen oder Schnüren ziehen oder über Pergolen, Bögen oder andere Durchgänge ranken lassen.

Grüne Bohnen zum Ganzessen und die Kernbohnen (Trockenbohnen) bieten ein oft verkanntes Geschmackserlebnis.
Während man bei den Zwergbohnen die Aussaat im Abstand von 3 Wochen staffeln muss, sät man die Stangenbohnen nur ein Mal aus. Bohnenanbau ist problemlos: Es ist wirklich einfach und erfordert keine spezielle Bodenverbesserung.

Die Sorten Bei den Zwergbohnen ist 'Jaune Beurre de Rocquencourt' der Renner und bei den Stangenbohnen wird man von 'Coco Bicolore Prolifique', 'Phénomène' und

'Coco de Prague' niemals enttäuscht.
Dazu kommt noch die Feuer-Bohne (*Phaseolus coccineus*). Nicht nur, dass sie wunderschöne rote Blüten auf ihrem Gerüst entwickelt, sie bringt auch violette Kerne hervor, die wesentlich besser schmecken als es immer heißt.

Wann? Ab Mitte April, sobald sich der Boden über 10 °C erwärmt hat, wird gesät. Die Aussaat der Stangenbohnen erfolgt von Mitte Mai bis Mitte Juni. Das gilt für die Sorten, deren Kerne man isst. Die Sorten, die man mit Hülsen verspeist, kann man noch im Juli säen. Zwergbohnen können auch noch bis Anfang August für eine Ernte im Oktober gesät werden, wenn man sie mit Folie schützt.

Wo? Man braucht einen gut gelockerten Boden. Auch der Schattenwurf der Stangenbohnen auf Nachbarkulturen ist zu beachten.

Wie? Man sät in Reihen, entweder 1 Kern alle 5 cm oder eine 5er-Gruppe in Mulden von 40 cm Abstand bei einem Reihenabstand von ebenfalls 40 cm. Man zieht mit dem Rechen eine Rille oder Vertiefung, die man vor dem Säen bewässert. Sobald die Pflänzchen keimen, sollte man sie leicht anhäufeln, damit sie gerade wachsen. Die Stangen werden bei der Aussaat oder schon vorher aufgestellt.

Ernte Geerntet werden Bohnen bei Bedarf, nachdem sie reif sind. Die Grünen Bohnen sollte man etwas vor der Zeit abnehmen, weil sie dann besser schmecken.

Tipp

Wenn Ihr Bohnenbeet zugig gelegen ist, sollten Sie dafür sorgen, dass die Bohnen sich an die Stangen lehnen können und nicht vom Wind davon weg gebogen werden. Säen Sie daher in Mulden auf der Windseite. Stangenbohnen wollen klettern und nicht kriechen!

Feuer-Bohnen sind zugleich hübsch und schmackhaft.

Säen Sie Stangenbohnen in Grüppchen am Fuß jeder Stütze.

Gemüsezwiebel, Knoblauch, Schalotte

Alliaceae
mehrjährig, jedoch in Kultur einjährig

Einmal frisch verzehrt, wird man den Geschmack nie mehr vergessen. Aus dem Küchenalltag sind sie heute nicht mehr wegzudenken.

 Ertrag:
3 kg pro m²

Zwiebeln (*Allium cepa*), Knoblauch (*Allium sativum*) und Schalotten (*Allium cepa* var. *ascalonicum*) sind gesund und sie benötigen wenig Platz, kaum Bewässerung und vor allem keine Zugabe von Kompost.

Die Sorten Die **Gemüsezwiebeln** unterscheidet man nach Lagerfähigkeit: weiße Sorten mit kurzer Lagerung (wenige Monate) und farbige Sorten (gelb, rot, violett), die man fast 1 Jahr lagern kann. Durch geschickte Planung mit verschiedenen Sorten hat man das ganze Jahr hindurch Zwiebeln. Einige Zwiebelzüchtungen empfehlen sich besonders, z. B. 'Jaune Paille de Vertus', 'Rouge de Brunswick' und 'Blanc Printanier de Paris'.

Es gibt drei **Knoblauch**-Sorten: rosa, violett und weiß. Die beiden ersten sind kälteempfindlicher als die weiße. **Schalotten** unterscheidet man nach der Form: rund, gestreckt und lang. Zudem gibt es noch eine Sonderform,

Zwiebeln kann man unter dem Dachvorsprung lagern, sofern kein Frost herrscht.

Frühes Stecken von Steck-
zwiebeln.

Schalottenernte: Man lässt
sie einige Tage auf dem Beet
zum Trocknen liegen.

die grau-weiße, die man im
Spätherbst pflanzt.
Die *Allium*-Sorten werden entweder gesät oder gepflanzt.
Beim Knoblauch verwendet
man die Zehen, bei der Scha-
lotte Steckzwiebeln und bei
der Gemüsezwiebel Samen
oder die kleinen Zwiebel-
chen[1], die sich an der Blüte
bilden. Mit den kleinen Zwiebelchen spart man Zeit, aber
man sollte diese Vermeh-
rungsart mit der Aussaat
kombinieren. Auf diese Weise
steht ein größeres Sortiment
zur Wahl (manche gibt es als
Zwiebelchen nicht), es ist kostengünstiger und man sichert
sich gegen Ernteausfälle ab.
Zwiebelgemüse werden im
Zuge des Anbaus nicht gegos-

sen, vor allem nicht in der
zweiten Hälfte der Wachs-
tumsphase.

Wann? Die Zwiebelchen der
Gemüsezwiebeln werden zum
Frühlingsanfang gesteckt. Im
Frühling sät man die Som-
merernte und im August und
September für die Ernte im
Frühling. Die Reihen müssen
ausgelichtet werden, entnom-
mene Pflänzchen kann man
wieder stecken.
Knoblauch wird im Herbst
(weiße Sorten) oder im Frühling (rosa Sorten) zur gleichen
Zeit wie die Bohnen oder Erbsen gepflanzt.
Schalotten setzt man kurz
vor, mitten im oder gleich
nach dem Winter.

Wo? Keinen Kompost und
keinen Mist für die Beete mit
Zwiebelgemüse! Der Boden

sollte leicht sein und das Beet
sonnig gelegen. Da die Zwie-
belgewächse keine Nässe
vertragen, sollte man sie auf
erhöhten Flächen oder kleinen, zusammengerechten
Häufchen kultivieren.

Wie? Die Zehen und Steck-
zwiebelchen werden leicht
in den Boden gedrückt. Die
Pflanzen sollten im Abstand
von 10 cm und mit Reihen-
abständen von 20 cm stehen.
Zwiebelgemüse vertragen
kein Unkraut um sich, daher
sind die Beete mit der Haue
oder von Hand zu jäten.

Ernte Die Ernte erfolgt im
Sommer, sobald die Blätter
gelb werden. Man lässt Zwiebeln einige Tage in der Sonne
trocknen. Dann lagert man
Schalotten und Gemüsezwiebeln hängend in großen Bün-
deln oder in Gittern. Die weißen Zwiebeln (Silberzwiebeln)
werden im Juni geerntet. Mit
Ausnahme der weißen Zwie-
beln kann man alle Sorten
nach dem Trocknen gut ein-
lagern.

Tipp

**Die abwechselnde Pflan-
zung von Möhren und
Knoblauch vertreibt die
Möhrenfliege.**

---

1 Diese Brutzwiebelchen bilden
sich als Fruchtstand und sorgen
für die Vermehrung

Artischocke

Cynara scolymus
Asteraceae
mehrjährig (etwa 5 Jahre)

Sie ist nicht unbedingt ein Muss in kleinen Gärten, aber man sollte die schöne Pflanze vielleicht doch als „Dekoration" einplanen.

 Ertrag: 7 Köpfe (pro Pflanze) pro Jahr

Die größten Blütenköpfe sitzen oben am Spross, an den Seitentrieben wachsen kleinere.

Die Sorten Die wichtigsten Sorten sind 'Camus de Bretagne à Tête Ronde' und 'Gros Vert de Laon'. Bei den Artischocken setzt man im zeitigen Frühling am besten junge Pflanzen oder vorgetriebene Wurzelausläufer, um schon im ersten Jahr eine kleine Ernte einfahren zu können. Man kann auch säen, aber dann dauert es zur Ernte länger.

Wann? Im Februar sät man aus, im März pflanzt man die Wurzelausläufer. Die gesäten Pflanzen werden im Mai pikiert.

Wo? Den Standort sollte man sorgfältig wählen, weil die Pflanze mindestens 5 Jahre an dieser Stelle bleibt. Am besten gedeiht sie an einem sonnigen Platz.

Wie? Am einfachsten pflanzt man einen Ausläufer. Im Früh-

ling gräbt man die Triebe, die um eine schon bestehende Pflanze herum gewachsen sind, mit etwas Wurzelwerk aus. Sie werden dann in Dreiergruppen in mit Kompost gefüllte Löcher gesetzt, nachdem man die Pflanzen dressiert[1] hat. Dann gießt man sie ordentlich an, damit sie gut einwurzeln. Der Abstand der Pflanzen sollte bei 80 cm liegen.
Zur Pflege muss man lediglich die abgestorbenen Blätter während der Saison entfernen und im Herbst als Schutz

---

1 Dressieren bedeutet, dass man die Wurzelspitzen abschneidet und einen Teil des Blattwerks einkürzt, damit die Pflanze besser austreibt.

vor dem Frost mulchen, denn Artischocken brauchen bei Temperaturen unter -5 °C ab dem Winteranfang einen Schutz aus Herbstlaub.

Hinweis Artischocken werden an den Spitzen und auf den Blättern von den schwarzen Blattläusen befallen. Eine kurze Behandlung mit Schmierseife oder einem Absud aus Rhabarberblättern genügt jedoch zur Lösung dieses Problems.

Ernte Geerntet wird 4–6 Monate nach der Aussaat. Je nach Bedarf schneidet man die Köpfe mit dem Messer ab. Dann bilden sich neue Köpfe. Im Laufe der Zeit wird der Ertrag besser.

Zucchini

Cucurbita pepo
Cucurbitaceae
einjährig

Zucchini haben einen großen Platzbedarf, vor allem, wenn sie „laufen". Im Handel sind aber meist Sorten, die kaum ranken, sodass man einen Versuch mit ein oder zwei Pflanzen im Gemüsegarten wagen kann.

 Ertrag: 20 kg (pro Pflanze) pro m²

Die Sorten Machen wir der Herrschaft der grünen Zucchini ein Ende. Lassen wir 'Blanches de Virginie' oder 'Gold Rush' auf den Teller. Die Sorte 'Coutors' (gelb und warzig) ist etwas Besonderes, doch darf man sie nicht zu stark ausreifen lassen, weil die Schale schon so fest genug ist. Die Sorte 'Longue de Nice' „läuft" stark, das heißt sie klettert fleißig und kann sich mehrere Meter über Pergolen oder Stangen ausbreiten. Ihre langen, dicken Früchte bleiben erstaunlich fest hängen.

Wann? Die Saat erfolgt ab Mitte April, im Haus, wo es warm ist, oder etwas später direkt im Freiland. Jungpflanzen setzt man im Mai.

Wo? Sie brauchen einen fetten Boden mit viel Kompost und viel Licht. Gegebenenfalls gibt man während der Saison nochmals Kompost zu.

Wie? Bei der Freilandsaat sät man drei Samen pro Pflanzloch, etwa 2 cm tief. Als Abstand hält man 80–100 cm ein. Stülpen Sie eine halbierte 5-Liter-Plastikflasche als Mini-Treibhaus darüber und gießen Sie reichlich. Um die Pflanze kann Stroh verteilt werden, damit der Boden feucht bleibt.

Ernte Die Ernte treibt die Entwicklung neuer Früchte an und Zucchini sind umso zarter, je früher man sie erntet. So muss man die Früchte nicht einmal schälen. Ernten Sie also ohne Zögern noch relativ kleine Exemplare.

Ernten Sie rechtzeitig, damit dieZucchini nicht zu groß werden.

Obst

In einem kleinen Gemüsegarten kann man auch Obstbäume
pflanzen. Einfacher wird es noch, wenn man Mauern hat, an
denen man die Bäume ziehen kann. Apfel-, Birn- und Pfirsich-
baum sowie Kiwi und Traubenstock liefern auf diese Weise
schönes Obst und brauchen nicht viel Platz.
Auch wenn man Bäume von moderaten Dimensionen wählt,
wird der Baumschnitt rasch unabdingbar. Das ist kein Problem,
denn diese Aktion, die manche „Puristen" als Verstümmelung
betrachten, liefert zugleich Material zur Verbesserung der
Bodenstruktur (klein gehäckselte Äste) und eine gute Ernte –
für Kuchen, Eis oder Marmelade.
Die Reihenfolge auf den Folgeseiten wurde ausschließlich durch
die persönliche Vorliebe des Autors diktiert.

Erdbeere

Fragaria × *ananassa*
Rosaceae
mehrjährige Staude

Nichts geht über frisch
geerntete, richtig reife
Erdbeeren, noch leicht von
der Sonne gewärmt, auch
wenn ihre Saison im Garten
wesentlich kürzer ist als bei
der Handelsware.

Ertrag: jährlich 2 kg
pro m²

Die Sorten Es gibt mehr als
600 Erdbeersorten, die man in
zwei Gruppen unterteilt: ein-
maltragende Sorten (im Juni /
Juli) und die Remontant-Sorten, die während des gesamten Sommers ununterbrochen
fruchten. Wenn man verschiedene Sorten beider Gruppen
anbaut, hat man von Mai bis
September / Oktober eigene
Erdbeeren.

Wann?
Im Freiland setzt man Pflanzen aus dem Handel bis in
den Mai. Doch das ist nicht so
gut wie das Pflanzen im Spätsommer oder Herbst. Ach-
ten Sie darauf, dass Sie beim
Setzen das Herz der Pflanzen
nicht mit Erde bedecken.
Alle 4 Jahre ersetzt und verjüngt man die Erdbeerpflan-
zen. Dazu verwendet man

die natürlichen Ausläufer
der Mutterpflanzen aus dem
Sommer. Zuerst werden die
Ausläufer in eigene Tontöpfe
gepflanzt, bleiben aber noch
mit der Mutterpflanze ver-
bunden. Sobald die Tochter-
pflanzen gut eingewurzelt
sind, schneidet man die Sto-
lone ab. Die Neupflanzung
erfolgt im Spätsommer, damit
die Pflänzchen noch vor dem
Winter gute Wurzeln bilden
können.

Wo? Man pflanzt in gut
durchgearbeiteten Boden mit
reichlich Kompost. Saurer

Boden ist besonders gut. Zur
Säuerung des Bodens kann
man eine Mulchschicht aus
Kiefern- oder Fichtennadeln
ausbringen. Am besten geeignet sind sonnige Standorte.

Wie? Die neuen Pflänzchen
werden mit 25 cm Abstand in
eine Reihe gesetzt, die Reihen sind 60 cm voneinander
entfernt. Da die Erdbeerbeete
sauber sein sollten, damit
die reifen Früchte nicht auf
dem Boden liegen, empfiehlt
sich eine Strohschicht um
die Pflanzen. Schwarze Folien
funktionieren nicht besser

als das natürliche Stroh und zudem sind sie hässlicher. Ausläufer, die nicht zur Vermehrung der Pflanzen benötigt werden, sollten gleich entfernt werden, da sie die Mutterpflanzen auslaugen und den Ertrag verringern. Wenn die eigene Erdbeerplantage etwas erhöht angelegt wird (z. B. im Hochbeet), müssen die Wurzeln nicht unter Feuchtigkeit leiden.

Ernte Je nach Sorte und Klima erntet man die süßen Früchte von Mai bis September. Zudem empfiehlt sich das Spannen von Netzen, damit man keine unangenehme Überraschung erlebt: Erdbeeren sind die ersten roten Früchte der Saison und das entgeht auch den Vögeln nicht.

Tipp

Erdbeeren vermehrt man gewöhnlich durch Ausläufer, die sich an der Mutterpflanze entwickeln und einfach von ihr getrennt werden können, sobald sie kräftig genug sind. Da die in jüngster Zeit gezüchteten Remontant-Sorten erstaunlicherweise kaum Ausläufer bilden, sollte man beim eigenen Erdbeerbeet auf ältere Sorten ausweichen.

Himbeere, Johannisbeere, Stachelbeere

Auf diese Früchte kann man in einem kleinen Gemüsegarten unmöglich verzichten. Ihr Anbau ist einfach und der Spareffekt enorm.

Beerenobst ist für kleine Gärten aus folgenden Gründen interessant:

> Der Platzbedarf ist im Verhältnis zum großen Ertrag gering.
> Durch die Höhe der Sträucher muss man sich bei der Ernte nicht bücken.
> Sie machen sehr wenig Arbeit und brauchen wenig Pflege.
> Die Früchte sind im Handel sehr teuer.

Im Idealfall mischt man verschiedene neue, oft gegen Krankheiten widerstandsfähigere, ertragreichere Züchtungen unter die alten, erprobten Sorten. Dann hat man unterschiedliche Aromen, Farben und Erntezeitpunkte.

Den Standort der Beerensträucher muss man sorgfältig auswählen, weil sie eine Lebenserwartung von mehr als 10 Jahren haben. Zu beachten gibt es außerdem Folgendes:

> Sie brauchen reichlich Kompost vor der Pflanzung.
> Sie wurzeln sehr flach und vertragen keine Spatenstiche.
> Sie brauchen einen Winterschnitt zum Auslichten, damit die jungen Triebe kräftiger werden.

Von den Himbeeren abgesehen wachsen die Sträucher trichterförmig. Doch kann man sie auch als Halbstämmchen ziehen und die Verzweigung auf gewünschter Höhe durch einen Schnitt erreichen. Damit wird Bodenfläche frei, die für den Salatanbau wertvoll wäre. Salat braucht ja ebenso humusreiche Böden. Johannis- und Stachelbeersträucher findet man übrigens im Pflanzenhandel schon in dieser Form vorerzogen.

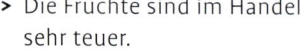

Himbeere

Rubus idaeus
Rosaceae
mehrjähriger Strauch

 Ertrag:
2 kg pro m²

Man benötigt nur einige wenige Himbeerstöcke, um ein prächtiges Beet anzulegen. Vermehrt werden die Pflanzen durch Wurzelausläufer, die man im Winter ausgräbt. Man sollte Himbeeren mit einer leichten Konstruktion stützen, da sie Gefahr laufen, unter dem Gewicht der Früchte umzufallen.

Wann? Die Ruten oder Stöcke werden zwischen November und März in einen gut aufbereiteten und reichlich mit Kompost versetzten Boden gepflanzt.

Wo? Himbeeren bieten unter jeglichen Bedingungen guten Ertrag, es sei denn, es ist zu heiß oder trocken. Sie gewöhnen sich auch gut an Halbschatten. Es ist interessant, wenn man Pflanzungen mit unterschiedlicher Sonneneinstrahlung hat. Dadurch kann man die Erntezeit staffeln. Himbeeren eignen sich zudem prima, um rasch hässliche Stellen vor den Blicken zu verbergen.

Wie? Der Winterschnitt ist harte Arbeit. Man entfernt das gesamte alte Holz, das im Sommer den Ertrag gebracht hat, und im März schneidet man die Ruten auf drei verschiedene Längen zurück, um die Kulturperiode zu verlängern.
Wenn man eine Reihe angelegt hat, sollte man nur alle 10 cm eine Rute stehen lassen. Himbeeren wachsen stark. Ab dem zweiten Jahr muss man sie stützen. Dazu eignen sich alle Verfahren, solange die Ruten nicht am Boden liegen.

Ernte Man erntet nach Lust und Laune. Die ersten Früchte werden gewöhnlich direkt vom Strauch genascht. Später kann man die größeren Mengen zu Eis, Fruchtpüree und Marmelade verarbeiten.

 *Tipp*

Knoblauch und Rainfarn sind gute Nachbarn, um den Himbeerkäfer *Byturus tomentosus* fernzuhalten, dessen Larve die Früchte befällt. Wir machen immer ein langes Gesicht, wenn wir die kleinen „Würmchen" in den Früchten finden.

Rote Johannisbeere und Stachelbeere

Ribes rubrum
(Rote Johannisbeere)
Ribes uva-crispa
(Stachelbeere)
Grossulariaceae
mehrjähriger Strauch

Diese Sträucher werden 1,20–1,50 m hoch und breit, und wie der Name sagt, tragen Stachelbeeren Stacheln. Sie lassen sich leicht kultivieren und fruchten an den zwei- und mehrjährigen Trieben. Die Vermehrung erfolgt ganz einfach durch Stecklinge, die man aus den im Winter geschnittenen Zweigen gewinnt.

 Ertrag: jährlich 3–4 kg pro Strauch

Wann? Diese beiden *Ribes*-Arten sollten so früh wie möglich, ab Ende Oktober bis spätestens Anfang Dezember, gepflanzt werden, da sie sehr früh im Spätwinter wieder austreiben.

Wo? Der Boden muss reich an Humus sein, bevorzugt im Halbschatten. Pflanzen Sie mit mindestens 1 m Abstand rundum, damit Sie beim Ernten um die Büsche herumgehen können.

Wie? Der Pflegeschnitt erfolgt im Laufe des Winters. Alle Triebe, die älter als 3 Jahre sind, werden entfernt. Man lässt nur einige verholzte Haupttriebe als Gerüst stehen.

Ernte Weiße oder Rote Johannisbeeren lassen sich gut ernten, vor allem rascher als die Stachelbeeren. Davon gibt es nun auch Sorten ohne Stacheln. Ab Ende Juni sind die erste Früchte reif, die Haupterntezeit fällt aber in den Juli und August.

 *Tipp*

Die Jostabeere gilt als Kreuzung zwischen Schwarzer Johannisbeere und Stachelbeere. Ihre Früchte, die größer als die Roten Johannisbeeren und süßer als die Schwarzen Johannisbeeren sind, können über längere Zeit am Strauch bleiben. Dadurch verlängert sich die Erntezeit. Wenn Sie nicht genug Platz für beide Sorten einzeln haben, nehmen Sie doch die Jostabeere – ein guter Ersatz für beide.

Schwarze Johannisbeere

Ribes nigrum
Grossulariaceae
mehrjähriger Strauch

Auch wenn die Beeren leicht bitter schmecken, sind sie sehr gesund. Die Büsche werden etwas sperrig, aber das Laub riecht fein!

 Ertrag: jährlich 3 kg pro Strauch

Wann? Schwarze Johannisbeeren werden im Herbst gesetzt, wenn die Böden noch warm sind – nicht früher und nicht später. Wenn das nicht möglich sein sollte, muss man die Sträucher gut gießen, um eine rasche Bewurzelung zu fördern.

Wo? Man pflanzt am besten an einem halbschattigen Standort mit 1 m Abstand zwischen den Sträuchern.

Wie? Schwarze Johannisbeeren werden genau wie Rote Johannisbeeren und Stachelbeeren behandelt. Im Winter schneidet man gründlich das gesamte alte Holz aus und erzieht die Sträucher trichterförmig. Man belässt nur das Holz aus den zwei vorangegangenen Jahren.

Ernte Wenn die Beeren vollreif sind, darf man nicht abwarten, sondern muss direkt loslegen, das Zeitfenster bei der Ernte ist eng. Von den Vögeln ist keine große Konkurrenz zu erwarten, es sei denn es gibt weit und breit nichts anderes.

Heidelbeere

Vaccinium corymbosum
Ericaceae
mehrjähriger Strauch

Bei dieser Pflanze handelt es sich nicht um die Art, die wir aus unseren Wäldern kennen, sondern um einen nordamerikanischen Strauch, der mit jedem Jahr mehr Ertrag abwirft.

Ertrag: jährlich 0,5–1 kg pro Strauch

Die Sorten Ein Strauch allein genügt nicht, sonst klappt die Befruchtung nicht. Wie bei den Rosen sollte man eine, drei oder fünf Pflanzen haben (aber keine zwei!). Am weitesten verbreitet sind die Sorten 'Atlantic', 'Bluecrop' und 'Darrow'. Ausgewachsene Sträucher sind etwa 1,50 m hoch. Sie liefern nicht nur schmackhafte Beeren, sondern schmücken sich auch in den schönsten Herbstfarben.

Wann? Heidelbeeren werden im Winter gesetzt. Je eher, desto besser, aber man kann bei guter Bewässerung auch bis in den Mai auspflanzen.

Wo? Die Heidelbeere bevorzugt saure, schattige Böden. Wenn der Gartenboden nicht ausreichend sauer ist, gräbt man große Löcher im Abstand von 1 m und füllt sie mit Torf oder Rhododendronerde. Man kann die Pflanzen auch leicht in großen Kübeln kultivieren, die auf einer permanenten Wasserversorgung (Untersetzer) stehen. Sie brauchen Kühle und Feuchtigkeit.

Wie? Der Boden muss ständig frisch bleiben. Dazu könnte man z. B. alljährlich den Weihnachtsbaum durch den Shredder jagen, um eine Mulchschicht auszubringen, die zudem den Säuregehalt des Bodens erhält.
In den ersten Jahren darf sich der Strauch ungehindert entwickeln, ab dem vierten Jahr wird er im Februar / März geschnitten. Man entfernt die ältesten Zweige ganz unten am Stämmchen und dünnt die Sträucher allgemein etwas aus.

Ernte Die Früchte werden etwa 1 cm dick, man erntet bei Bedarf. Vorsicht mit den Vögeln, sie verschlingen die Beeren!

Pflanzen ziehen Heidelbeeren werden durch Stecklinge vermehrt, die man im Oktober nimmt. Man kann manchmal auch auf bewurzelte Triebe zurückgreifen, die sich in der Nähe der Mutterpflanze gebildet haben.

Kiwi

Actinidia deliciosa
Actinidiaceae
Kletterpflanze

Bei der Kiwi handelt es sich um eine kräftige Kletterpflanze, die man an einem Gerüst aus Metall, einer Pergola oder einer Mauer kultivieren muss.

 Ertrag: jährlich 10 kg Mini-Kiwis pro Pflanze

Die Sorten Am häufigsten zu finden sind die Sorten 'Hayward' (große Früchte, aber frostempfindlich), 'Monty' (guter Ertrag), 'Bruno' (früh reifend), 'Abbot' (duftend), 'Gold' (eine Besonderheit) und 'Tomuri' (gut zur Bestäubung). Man kann auch die in Sibirien heimische Art *Actinidia arguta* anbauen, deren kleine Früchte im Sommer geerntet werden. Sie hat eine glatte Schale und schmeckt erfrischend.

 **Tipp**

Manche Kiwi-Sorten sind selbstfruchtbar, doch häufiger braucht man mindestens eine männliche Pflanze zur Bestäubung und eine weibliche Pflanze für die Früchte.

Wann? Kiwi-Pflanzen werden den gesamten Winter über von Oktober bis April gesetzt. Werden sie in Töpfen kultiviert, so ist der Pflanzzeitpunkt völlig egal, sofern man darauf achtet, dass das Substrat nicht austrocknet.

Wo? Kiwis brauchen im Spätwinter einen geschützten Standort. Auch wenn der Stock Temperaturen von -15 °C verträgt, gilt das nicht für die Knospen und Blüten. Diese sind im Frühling bei Frost sehr empfindlich. Wählen Sie einen sonnigen Platz, aber achten Sie darauf, dass der Schattenwurf sich nicht schlecht auf den Gemüsegarten auswirkt. Der Boden muss nährstoffreich und gut dräniert sein.

Wie? Die Früchte werden an der Basis der Jahrestriebe bereits im Februar angesetzt, wenn es nicht friert. Man schneidet die Vorjahrestriebe auf drei bis vier Augen (Knospen) zurück. Die Knospen, die sich dann bilden, werden an der Basis auch Früchte tragen. Im Sommer muss man gegebenenfalls die Länge der Triebe auf vier Blätter oberhalb der letzten Frucht einkürzen.

Ernte Kiwis werden kurz vor dem ersten Frost geerntet. Man kann sie in einem kalten Keller oder der Garage mehrere Monate frisch halten. Eine zwei- bis dreiwöchige Kur im Kühlschrank lässt harte Früchte langsam nachreifen.

Tafeltraube

Vitis vinifera
Vitaceae
Kletterpflanze mit verholzen-den Trieben

Man kann fast überall ein oder zwei Weinstöcke anbauen, am besten an einer warmen Mauer.

 Ertrag: jährlich 3 kg pro Pflanze

Die Weinsorten haben in den vergangenen Jahren große Verbesserungen erfahren, und daher ist es nun möglich, auch in kühleren Gegenden gute Tafeltrauben anzubauen. Man kann Wein im Freiland kultivieren oder in großen Kübeln, die man auf die Terrasse oder an ein strategisch wichtiges Plätzchen im Gemüsegarten stellt.

Die Sorte 'Chasselas Doré de Fontainebleau'.

Die Sorten Ein reiches Sortiment steht zur Wahl. Es gibt traditionelle Sorten wie die roten 'Muscat De Hambourg' und 'Alphonse Lavallée' oder die weißen 'Chasselas', 'Frankental', 'Madeleine Royal' oder 'Sultanine'. Die frühen Sorten 'Chasselas Doré de Fontainebleau' und 'Cardinal' gedeihen überall, die späten 'Dattier de Beyrouth', 'Italia' oder 'Muscat D'Alexandrine' nur in den wärmeren Regionen. Oder man baut die neuen, von INRA gezüchteten Sorten 'Aladin', 'Amandin', 'Perdin' an, die gegen Pilzerkrankungen wie Echten und Falschen Mehltau resistent sind.

Wann? Wein kann jederzeit gesetzt werden, sofern man die Rebstöcke am Anfang gut bewässert.

Wo? Er ist zwar ein Kind der Sonne, hat aber auch keine Schwierigkeiten mit Frost, zumindest im Winter. Im Sommer braucht ein Weinstock Wärme und Licht. Man sollte also sorgfältig einen Platz in Südlage suchen, der windgeschützt ist. Wein rankt fleißig. Man muss ihn schneiden und in Form bringen, sei es an einer Mauer, an gespannten Drähten, einem Laubengang oder einer Pergola. Die Steine einer Mauer speichern die Wärme des Tages und geben sie nachts ab.

Wie? Man pflanzt Wein in ein etwa 50 cm tiefes Loch. Er braucht keine nährstofffreichen Böden, dafür eine gute Entwässerung. Man kann den

Boden verbessern, indem man Kiesel unten in das Pflanzloch füllt. Die wulstige Stelle am Stamm, an der die Stöcke durch Pfropfen veredelt wurden, sollte etwa 5 cm über Bodenniveau liegen. Um den Stock jätet man regelmäßig, damit keine Konkurrenz durch Unkraut entsteht.

Winterschnitt Ziel ist es, den Platzbedarf der Pflanze gering zu halten und die Fruchtbildung anzuregen. Man schneidet im Winter, aber nur, wenn kein Frost herrscht. Im ersten Jahr erzieht man das Einzelstämmchen so, dass es sich entlang eines Drahtes oder über einen Bogen entwickelt. Man lässt nur einen Haupttrieb zu, den man auf die gewünschte Länge oder Höhe einkürzt. Im Folgejahr entwickeln sich die Seitentriebe. Man kann sie während des Sommers zurückschneiden, falls sie stören. Dabei lässt man mindestens 5–6 Blätter über der Basis stehen. Im zweiten Winter (Februar) schneidet man jeden Seitentrieb bis auf das zweite Auge zurück. Aus einem Auge wird ein unfruchtbarer Trieb wachsen, aus dem zweiten (in Stammnähe) die Trauben. Danach muss man nur noch alljährlich den Zweig schneiden, der an der Basis des sterilen Zweigs hervorgekommen ist und letzteren auf zwei Augen reduzieren.

Die Sorte 'Muscat de Hambourg' als Einzelstamm.

Sommerschnitt

Nach der Blüte, sobald sich die Trauben bilden, knipst man die Spitzen der jungen Ästchen ab, um die Kräfte der Pflanze in die Fruchtbildung zu lenken und nicht in das Holz. Wenn zu viele Trauben gebildet werden, dann entfernt man die schwächsten zum Wohl der anderen.

Ernte

Die erste Ernte erfolgt 2–3 Jahre nach der Pflanzung. Rasch erreicht sie einige Kilogramm pro Stock. Man schneidet die Trauben nach Bedarf mit der Gartenschere ab. Aber Vorsicht: Die Vögel sind manchmal schneller als der Gärtner. In diesem Fall sollte man sich mit der Ernte sputen und die Trauben im Keller flach in Obstkisten lagern. Man muss sie aber danach schnell verzehren.

Apfel

Malus domestica
Rosaceae

Sie sind einfach zu halten und ertragreich – Apfelbäume passen überall hin, vor allem als Spalier- oder Säulenform.

 Ertrag: 6 kg pro m²

Man kann leicht gute Äpfel ernten, auch auf kleinster Fläche, sei es von klassischen Apfelbäumen geringer Höhe, sei es von Zwergsorten, Spalier- oder Säulenäpfeln. Auf diese Art lernt man den echten Geschmack vollreifer, ungespritzter Äpfel kennen. In der Baumschule werden Apfelbäume in drei großen Gruppen zusammengefasst: Hochstamm (1,80–2 m), Halbstamm (1,50 m) und Busch (50–80 cm). Für kleine Gärten sind Busch und

Ein junger, wenig erzogener Baum mit vielen Früchten.

Halbstamm am interessantesten. Zudem gibt es eine Vielzahl von Spalierzüchtungen, die nur wenig Platz brauchen. Diese Bäume sind auf schwachwüchsige und damit kaum raumgreifende Sorten veredelt, aber sehr ertragreich. Ihre Lebenserwartung liegt bei 15–20 Jahren, dann sollte man sie ersetzen. Bei dieser Gelegenheit kann man neue Geschmacksrichtungen entdecken.

Qual der Sortenwahl

Es ist schwierig, sich für eine Sorte zu entscheiden. Bei der Wahl geht es in erster Linie um persönlichen Geschmack und klimatische Lage. Äpfel sollte man verkosten, um herauszufinden, welche Aromen man bevorzugt. Pflanzengärtnereien bieten ein etwas eingeschränktes, klassisches Sortiment an, das aber für den Anfang genügt. Obstbaumschulen hingegen bieten oft lokale Sorten an, die an das Klima und den Boden

---

Geschickte Wahl des Apfelbaums

Glauben Sie nur nicht, Sie könnten einen sogenannten Hochstamm klein halten. Sagen Sie vor dem Kauf deutlich, dass Sie Bäume für eine kleine Gartenfläche möchten. Fragen Sie nach, auf welcher Unterlage der Baum veredelt wurde. Handelt es sich um einen M9-Reiser, dann können Sie beruhigt sein. Daraus entstehen Zwergformen, die schon nach 4 Jahren Früchte tragen.
Wenn Sie einen schon erzogenen Spalierbaum nehmen, achten Sie darauf, dass die Drähte nicht in die Rinde eingewachsen sind. Das kommt oft vor.

Einfacher Spalierapfel mit zwei Armen.

vor Ort besser angepasst sind. Der Kontakt zu diesen leidenschaftlichen Baumfreunden vermittelt viele Kenntnisse und prägt oft den Geschmack.

Um einen Ertrag zu gewährleisten, braucht man mindestens zwei Bäume von zwei unterschiedlichen Sorten, die zum gleichen Zeitpunkt blühen. Wenn der Platz für mehrere Bäume reicht, sollte man den Reifungszeitpunkt staffeln. Es ist angenehm, im Spätsommer Früchte zu essen, aber auch im Herbst, Winter und im Frühling noch etwas zu haben.

Die meisten für kleine Gärten geeigneten Formen sind als Spaliere erzogen, aber es gibt auch frei wachsende Formen. Unter den **frei wachsenden**

Formen sind die Buschform und die Spindelbuschform für den kleinen Garten geeignet. Eher niedrig und kaum ausladend, sind sie sehr ertragreich. Sie brauchen dennoch viel Platz, weil man sie komplett umrunden können muss (etwa 4 m).

Die **flachen Formen** an Spalieren brauchen am wenigsten Raum im Verhältnis zum Ertrag. Man kann sie an Wegen entlang setzen oder an einem Mäuerchen. Sie müssen an den Stützdrähten befestigt werden. Zu den klassischeren Formen zählen die Fächerform, das U oder das waagerechte lange Spalier, aber es gibt noch viele weitere Formen.

Säulenförmig gezogener Apfelbaum.

Formen erziehen – am Beispiel eines waagrechten Schnur-Spalieres (Kordon)

Die einfachen Kordons (mit nur einem Stamm oder Arm) passen in jeden Garten. Bereits erzogene Stämmchen findet man zwar in Baumschulen, aber man kann das mit einem Jungbaum leicht selbst machen, was den Geldbeutel schont. Der Draht für den Haupttrieb wird in etwa 50 cm Höhe gespannt.

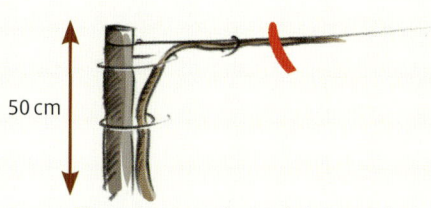

50 cm

❶ Im ersten Jahr wird der Jungbaum im Winter gesetzt und langsam in die Horizontale gebogen. Die Spitze des Jungbaums wird eingekürzt.

❷ Im Laufe des folgenden Sommers werden die neuen Seitenäste um 6–7 Blätter eingekürzt. Den Haupttrieb lässt man etwa 30 cm am Draht entlang wachsen.

❸ Im folgenden Winter werden die Äste nochmals eingekürzt, um das Fruchten zu fördern.

❹ Vom folgenden Sommer an trägt der Apfelbaum. Der Schnitt schafft Ausgewogenheit und die zu kräftig wachsenden Äste werden im Zaum gehalten. Der Haupttrieb an der Schnur wächst in die Länge und wird innerhalb von etwa 10 Jahren 3–4 m lang.

Die Bögen der ersten Zweige eines jungen Spalierapfels.

Spalierbäume sind für kleine Gärten ideal. Hier wird der Boden unter den jungen Bäumen belüftet.

Das Schnur-Spalier (Kordon) ist am einfachsten zu erziehen und zu pflegen, es besteht nur aus einem Haupttrieb. Der Abstand zwischen den Spalierbäumen sollte 2–3 m betragen, die einfache U-Form benötigt nur 1,50 m, die Palmettenform (Fächer) hingegen 3–4 m.

Säulenäpfel (eigentlich der Rumpf eines Apfelbaumes von 2–4 m Höhe) können im Abstand von 60 cm gepflanzt werden. Dadurch bringt man viele verschiedene Sorten auf kleiner Fläche unter. Sie müssen nicht an einer Mauer fixiert werden, man kann sie sogar in Töpfen kultivieren. Die jüngsten Züchtungen müssen gar nicht geschnitten werden und tragen schon vom Jahr der Pflanzung an Früchte.

Man pflanzt so, dass der Wulst der Pfropfstelle nicht unter die Erde kommt.

Wann? Apfelbäume werden im Winter gesetzt, sobald die Witterungsbedingungen es erlauben. Man kann sie bis in den März hinein auspflanzen, sofern man einiges beachtet.

Wo? Apfelbäume brauchen Sonne. Alle Formen kann man entlang der Gartenwege pflanzen. Niedrige Spaliere lassen die Blickachsen frei, während Säulenformen oder hohe Spalierformen den Raum abgrenzen. Bei einer maximalen Höhe von 2 m kann man auch eine Obsthecke mit 50 cm Abstand zur Gartengrenze anlegen. Senkrechte Kordons machen sich am besten an Mauern.

Wie? Die Sorgfalt beim Pflanzen spiegelt sich im Wuchs des Apfelbaumes wider. Am besten gräbt man das Pflanzloch schon etliche Wochen vor der Pflanzung. Je größer und breiter, desto besser. Die abgehobenen Erdschichten sollten sorgfältig um das Pflanzloch gebreitet werden, damit man sie später in gleicher Abfolge wieder einfüllen kann. Die Sode von oben und die tieferen Erdschichten sollten keinesfalls gemischt werden. Das Loch wird unten mit reichlich Kompost gefüllt. Schon beim Pflanzen werden auch die Stützpfosten für das Spalier gesetzt.

Reiche Ernte ab dem dritten Standjahr.

Der Baum wird sorgfältig platziert, wobei darauf zu achten ist, dass die Wurzeln nicht in direkten Kontakt mit dem Kompost kommen. Das Loch wird wieder gefüllt und dabei die Erde gut festgetreten, damit keine Luftkammern entstehen. Am Schluss gießt man den Baum reichlich, auch wenn der Boden feucht und Regen für die nächsten Stunden angekündigt ist.
In den folgenden Wintern erhalten die Obstbäume eine Kompostgabe, die mit der Haue untergearbeitet wird. Thymian und Salbei, die man um die Stämme setzt, eignen sich gut als Gesellschaft für die Obstbäume.

Ernte Sobald der Apfel sich löst, wenn man ihn am Stiel eine Viertelumdrehung dreht, ist er reif zum Ernten. Je nach Sorte ist das zwischen Ende August und dem ersten Frost. Herabgefallene Äpfel müssen rasch verzehrt werden (wir machen daraus Kompott oder Apfelkuchen), während die gepflückten lange an einer kühlen und lichtgeschützten Stelle gelagert werden können. 'Reinette Clocharde' ist sogar bis ins Frühjahr hinein lagerfähig.

Ein ganz frischer Apfel.

Kirsche

Prunus avium
Rosaceae

Theoretisch findet ein Kirschbaum in kleinen Gärten keinen Platz, weil er zu groß wird und die Vögel den Baum oft verwüsten. Doch Kirschen im Frühsommer sind so verlockend, dass man schon irgendwie einen Weg findet.

Ertrag:
4 kg pro m²

Es gibt kleinwüchsige Sorten, die auf einer Unterlage der Weichsel (*Prunus cerasus*) gezogen werden, aber daher den leicht säuerlichen Geschmack behalten. Für echte Kirschen sollte man Pflanzen suchen, die auf 'Maxma' veredelt wurden, einer zwergwüchsigen Unterlage für traditionelle Sorten.

Wann? Wurzelnackte Kirschjungbäume (ohne Ballen) werden im Winter gesetzt, Containerpflanzen (mit Ballen) etwas später, wenn man sie danach reichlich gießt.

Wo? Für den Kirschbaum wählt man am besten einen Platz an der nördlichen oder östlichen Gartengrenze aus, damit der Schattenwurf

sich nicht nachteilig auf die Gemüse- und Kräuterbeete auswirkt.

Wie? Das Pflanzloch sollte groß und tief sein. Stützpfosten werden noch vor der Kompostzugabe an Ort und Stelle errichtet. Wie beim Anpflanzen anderer Obstarten auch, achtet man darauf, dass die ausgehobenen Erdschichten nicht gemischt und wieder in der richtigen Reihenfolge eingefüllt werden. Nach dem Setzen wird reichlich gegossen. In trockenen Sommern

gießt man regelmäßig. In den ersten Jahren sollte man den Graswuchs um den Stamm herum bekämpfen.

Ernte
Wer kein Netz gegen die Vögel hat, sollte früh aufstehen und eilig die Kirschen pflücken, auch wenn sie noch nicht ganz reif sind. Mit Netz kann man sich dagegen Zeit lassen, später aufstehen, die sonnengereiften Früchte verzehren oder für den Winter konservieren, wenn der Ertrag reich ist.

Schnitt eines Steinobstbaumes

Steinobstbäume wie Kirsche, Mirabelle oder Pflaume werden im Gegensatz zu dem im Winter geschnittenen Kernobst sparsam während des Sommers geschnitten. Für die Sorten 'Burlat' oder 'Napoleon' braucht man andere Bäume in der Nähe, die für die Bestäubung sorgen.

Erfahrungsgemäß kann ein Kirschbaum ordentlich erzogen werden, solange man die jungen Äste schneidet. Natürlich kann ein Baum bei einem starken Schnitt viel Saft verlieren, aber ein Erziehungsschnitt ist bei jungen Bäumen durchaus üblich. Danach werden die Bäume über Jahre nur noch mit einem Erhaltungsschnitt gepflegt.

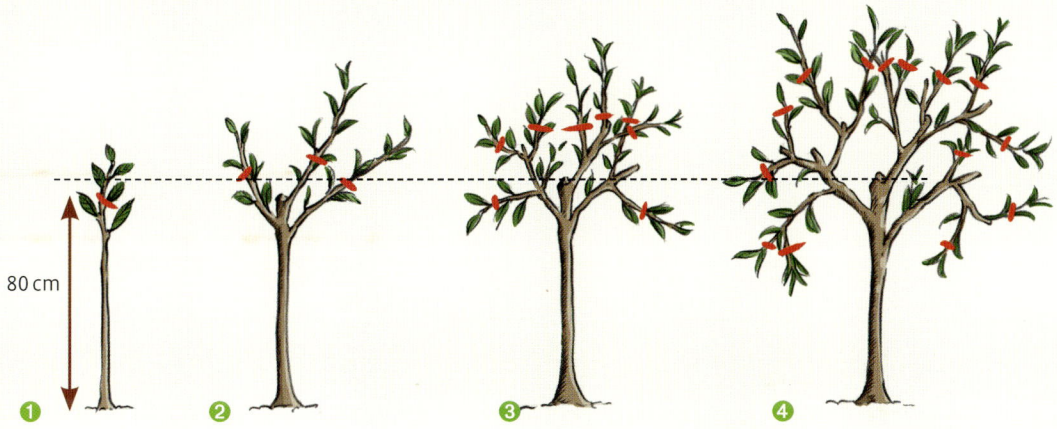

80 cm

❶ Man beginnt mit einem veredelten Jungbaum, der im ersten Sommer auf 80 cm Höhe eingekürzt wird (der Baumschnitt erfolgt immer im Sommer). In den drei darauffolgenden Jahren ❷, ❸ und ❹ werden die Äste im Sommer eingekürzt und manche gänzlich herausgenommen.

Ab dem fünften Jahr ❺ kann man ernten, entweder vom Boden aus oder mit einer kleinen Trittleiter. Ein Schutznetz ist mithilfe einer T-förmigen Bambuskonstruktion leicht über den Baum zu spannen, damit die Vögel nicht miternten können. In den Folgejahren wird der Baum durch leichten Rückschnitt im Sommer gepflegt.

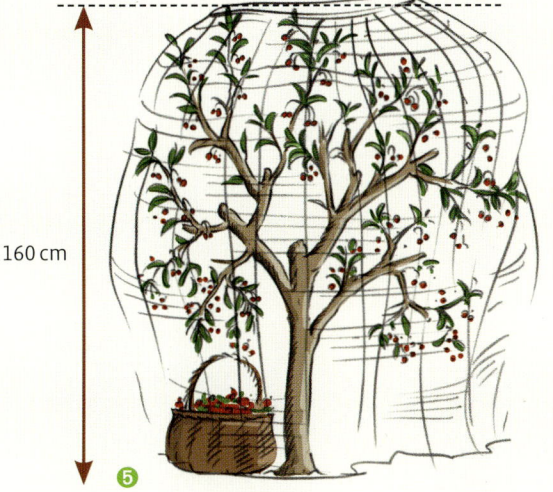

160 cm

Pflaume, Reineclaude, Mirabelle, Zwetsche

Prunus domestica
Rosaceae

Wenn man sie klein und licht hält, kann man diese Sorten durchaus zusammen mit Gemüse in einem kleinen Garten kultivieren.

 Ertrag: 5 kg pro m²

Auswahl der Sorten

Pflaumen sind im August oder September reif und man sollte sich bei der Auswahl weniger nach den Züchtungen als nach den Unterarten richten. Es gibt die länglichen echten Pflaumen (*Prunus domestica*), wie die Sorte 'Prune Monsieur Hâtif', und die Pflaumen-Unterarten: die rundlichen Reineclauden (*Prunus domestica* subsp. *italica*), wie 'Reine-Claude Dorée', die kleinen, süßen Mirabellen (*Prunus domestica* subsp. *syriaca*), wie 'Mirabelle de Nancy' oder 'Mirabelle de Metz', und die Zwetsche (*Prunus domestica* subsp. *domestica*) mit Sorten wie 'D'Italie' oder 'D'Alsace'.

Wann?

Egal, ob mit Ballen oder wurzelnackt, die jungen Bäume werden im Spätherbst gesetzt. Man könnte auch noch bis spätestens Ende Februar / März warten, doch keinesfalls länger, ohne Gefahr zu laufen, dass es schiefgeht.

Wo?

Die Bäume mögen Sonne und Halbschatten.

Wie?

Das Pflanzloch muss nicht mit Kompost verbessert werden. Der Baumschnitt erfolgt im Sommer nach der Ernte, wie bei allen Steinobst-Bäumen, damit die Wunden vor der Schlechtwetterperiode vernarbt sind.

Ernte

Die erste Ernte kann bereits 2–3 Jahre nach der Pflanzung erfolgen. Es gibt obstreiche und obstlose Jahre.

Auslichtungsschnitt

Selbst kleine Bäume können in kleinen Gärten erheblichen Schaden durch Schattenwurf auf den Gemüsebeeten anrichten. Damit das Licht durch die Äste bis zum Boden dringen kann, wäre der ausdünnende Schnitt ein gutes Mittel. Das Prinzip ist einfach: Man lässt nur einen Teil der strukturgebenden Hauptäste (Leitäste) stehen. Dieser Schnitt kommt zur Geltung, ohne sichtbar zu sein.

Veredlungsstelle am Fuß des Stämmchens

❶

❷

❸

❶ Zuerst wählt man Sorten aus, die tief unten am Stamm veredelt wurden, damit man sie weit einkürzen kann.

❷ Der erste Rückschnitt soll zum Austrieb vieler Äste in Bodennähe anregen.

❸ Später entfernt man mit Bedacht die überschüssigen Zweige, sodass der Baum „durchsichtig" wird. In den Jahren, in denen der Baum viele Früchte trägt, muss man eventuell Stützen unterschieben, damit die Zweige nicht abbrechen.

Birne

Pyrus communis
Rosaceae

In Form eines U, eines Fächerspaliers oder in Buschform – durch erzogene Pflanzen kann man verschiedene Birnensorten in einem kleinen Garten kultivieren.

 Ertrag:
6 kg pro m²

In den Baumschulen findet man Bäumchen, die bereits vorerzogen sind, Quitten bilden dabei die Veredelungsunterlage. Diese Birnbäume fruchten rasch und reichlich, doch braucht man ein stützendes Gerüst, damit die Triebe gelenkt werden können. Dadurch kann man die Bäume gut schneiden und die verschiedenen Zweige im Gleichgewicht halten. Wie bei den Äpfeln ist auch hier das waagerechte Spalier die einfachste und ertragreichste Form. Bei Birnen verbreitet und gut geeignet ist zudem die Spindelbuschform.

Die Sorten Viele Sorten stehen zur Auswahl und wie gewöhnlich sollte man sich vom Geschmack leiten lassen. 'Williams' und 'Conference' sind eine gute Wahl, doch

der Rat der örtlichen Baumschulen, welche Sorten in der Region und auf den lokalen Böden wirklich gut gedeihen, wiegt mehr. Wenn man Ihnen nur die beiden oben genannten empfiehlt, fragen Sie andernorts nochmals.

Wann? Man pflanzt im Winter, so früh wie möglich, an einem frostfreien Tag und möglichst ohne herunterklatschende Regenfälle.

Wo? Am besten setzt man Birnen an einer Mauer oder an einem Weg. Wenn man sich für die Busch- oder Spindelbuschform entscheidet, sollte man den Birnbaum so platzieren, dass nicht zu viel Schatten auf das Gemüse fällt.

Wie? Das Pflanzloch sollte so tief und groß wie möglich ausgehoben werden. Je nach Boden wird das mehr oder weniger zeitraubend. Man sollte vor allem bei schweren Böden besonders auf die Dränage achten, denn ein Birnbaum verträgt keine Staunässe. Kompostzugabe, Bewässerung und regelmäßige Schnittarbeiten sind unerlässlich. In jedem Winter kommt eine Kompostschicht unter den Baum. Bei diesem Anlass wird ein Rückschnitt auf drei Augen vorgenommen und damit die Fruchtbildung angeregt. Im Frühsommer sollte man einen Teil der angesetzten Früchte entfernen, damit der Baum mehr Kraft für die schönsten Früchte übrig hat. Man lässt durchschnittlich eine Frucht alle 20 cm hängen.

Ernte Birnen sollten verzehrt werden, sobald sie reif sind. Sie halten sich nicht lange. Bei starkem Ertrag sollte man sie für den Winter einkochen. Das ist sicherer!

Ein Birnbaum in doppelter U-Form braucht nur wenig Platz.

Pfirsich

Prunus persica
Rosaceae

Für kleine sonnige Gärten
ist dieser Baum ideal: Er ist
schön und die Früchte sind
wohlschmeckend.

 Ertrag: 6 kg
pro m²

Mit seinen 2–4 m ist dieser
Baum von Natur aus nicht
besonders groß und gera-
dezu prädestiniert für kleine
Gärten, und er kann leicht zu
Büschen oder Spalieren erzogen werden.
Der saftig-süße Geschmack
der Früchte erinnert an den
Süden, aber Pfirsichbäume
gedeihen auch in kühleren
Regionen, sofern man sie
vor Zugluft schützt. Sie sind
meistens selbstbestäubend,
sodass man auf mehrere Indi-
viduen im Garten verzichten
kann.

Die Sorten Pfirsichbäume
könnte man aus Kernen ziehen, aber man bekommt dann
ein Zufallsprodukt. Besser ist
es, wenn man in einer Baumschule aus dem Sortiment
von Pfirsichen und Nektari-
nen die Sorten je nach voraus-
sichtlicher Erntezeit aussucht.
Wenn man den gesamten
Sommer über ernten möchte,
könnte man beispielsweise

die im Juli reifende Züchtung
'Charles Ingouf', dazu 'Grosse
Mignonne Blanche' (August)
und 'Sanguine Vineuse' (für
September) wählen.
Der Rückschnitt der Pfirsichbäume ist sehr radikal. In
Südfrankreich sagt man, ein
Schwarm Turteltauben müsse
durch die Äste hindurchflie-
gen können. Nur die Vorjahrestriebe tragen Früchte, also wird
das gesamte alte Holz entfernt
und die Äste werden alljährlich
im Februar eingekürzt. Dabei
belässt man genauso viele
runde Knospen, aus denen
die Blüten (und Früchte) entstehen, wie spitze Knospen
(Triebe der Zweige).

Krankheiten vorbeugen
Pfirsiche bekommen oft die
Kräuselkrankheit. Der Befall
legt sich im Frühling auf die
jungen Blätter und wenn sie
im Juni abfallen, wird der
Baum geschwächt. Die Erkran-
kung bricht oft während einer
Phase mit feucht-kalter Witte-
rung aus, doch kann man den
Pilz eindämmen, indem man
die befallenen Blätter entfernt. Die Pflanzung von Rainfarn, Salbei, Knoblauch und
Thymian an den Obstbäumen
ist ebenfalls möglich. Wurde
der Baum schon in den Vor-
jahren befallen, kann man vor
der Knospung mit Bordelaiser
Brühe spritzen.

Wann? Im Winter, sofern die Witterungsverhältnisse es erlauben, wird gepflanzt.

Wo? Man wählt einen sonnigen, windgeschützten Platz. Bei schweren Böden wird zur besseren Entwässerung eine Schicht Kieselsteine in das Pflanzloch gefüllt. Die Spalierbäume setzt man an einer Mauer und lässt zwischen den Exemplaren etwas Platz, damit die Luft zirkulieren kann. Die Büsche werden an einer sonnigen Stelle des Gartens gepflanzt. Man sollte nicht vergessen, dass die Bäume wunderbar blühen und im Frühling eine wahre Augenweide sind.

Wie? Wenn der Gartenboden karg oder sehr steinig ist, sollte man alles daransetzen, ein besonders großes Pflanzloch zu graben. Die feinen Früchte stets vor Augen, kann man sich dabei richtig Mühe geben. Sobald das Loch ausgehoben ist, kommt reichlich Kompost hinein, außerdem die Stütze für den Baum sowie der Baum selbst. Dann wird das Loch gefüllt, wobei darauf zu achten ist, dass die ursprünglichen Erdschichten nicht vermengt werden. Schließlich wird noch reichlich gegossen.

Ernte Die Ernte erfolgt, sobald die Früchte reif sind. Wenn man zu lange wartet, kommen die Wespen. Dieser Zeitpunkt ist dann weniger erfreulich. Im Vorübergehen genascht, als Kompott oder Marmelade, als Saft oder für den Winter getrocknet – die Pfirsiche werden niemals genug sein.

Pfirsiche sind erntereif, sobald das Fleisch sich leicht mit den Fingern eindrücken lässt.

Die Obsthecke – hübsch und lecker

Manche dekorative Sträucher liefern neben ihren Frühlingsblüten oder dem bunten Herbstlaub auch noch sehr schmackhafte Früchte.

Einzelne Bäume als Solitäre im Garten zu pflanzen ist sehr platzintensiv. Wer also viele Gehölze haben möchte, muss einen anderen Weg gehen. Es gibt viele Geschmacksrichtungen und Aromen zu entdecken, und unsere Gemüsegärtchen tragen gerne dazu bei.
Nachfolgend finden Sie eine Auswahl von leicht erhältlichen Ziersträuchern, die offenbar mehr können.

Die hübschen Blüten der Nashi-Birne.

Felsenbirne

Amelanchier canadensis
und *A. alnifolia*
Rosaceae

Dieser Strauch wird 3–5 m hoch. Im Frühjahr trägt er weiße, dekorative Blüten, woraus später kleine, essbare, süße Früchte heranreifen – die Felsenbirnen. Im Herbst färbt sich das Laub flammend rot. Felsenbirnen vertragen keine kalkhaltigen Böden und bei der Pflanzung sollte man den gehäckselten Weichnachtsbaum oder den Mulch aus des Nachbars Nadelbaum-Heckenschnitt einfüllen.

Blaue Heckenkirsche

Lonicera caerulea
Caprifoliaceae

Diesen Strauch sieht man immer häufiger in Europa. Auch wenn der Geschmack der blauen Beeren umstritten ist, liefern sie für unsere Ernährung ein deutliches Plus an Vitamin B und C. Doch auch bei den bekanntesten Varietäten 'Edulis' und 'Kamtschatica' darf man nicht mit großen Erntemengen rechnen. Die Früchte werden für Marmelade, Gelee oder Kräutertee (getrocknet) verwendet. Die derzeitigen Züchtungsversuche lassen darauf hoffen, dass in absehbarer Zeit neue, ertragreichere Sorten mit besserem Geschmack für die Gärten zur Verfügung stehen.

Echte Mispel

Mespilus germanica
Rosaceae

Die Mispel hat wunderschöne Blüten und man kann diesen Baum leicht zum Gebüsch erziehen. Beim Rückschnitt wird das gesamte alte Astwerk herausgenommen – mit dem sehr harten Holz könnte man morsche Werkzeugstiele ersetzen.
Die Ernte der 4–6 cm großen Früchte erfolgt sehr spät nach den ersten Frösten. Man muss sie überreif werden lassen, bevor man sie mit dem Teelöffel verzehrt, oder man lagert sie im Keller noch einige Zeit zum Nachreifen. Der Geschmack ist eigenwillig, und empfindliche Gaumen werden wohl Grimassen schneiden.

Holunder

Sambucus nigra
Caprifoliaceae

Holunderbeeren stehen im Ruf, nur für die Vögel gut zu sein. Und dieses Vorurteil wird von allen weitergegeben, die noch nie Holundermarmelade gegessen haben. Ein Absud aus Holunderblättern ist außerdem ein wunderbares Mittel gegen Maulwürfe und Feldmäuse. Nach der duftenden Blüte im Juni reifen bis zum August dunkle Beeren heran, die man vor den Vögeln ernten sollte. Es gibt zahlreiche dekorative Züchtungen mit kleinen oder purpurfarbenen Blättern, die ebenfalls schöne Früchte bilden. Um die Sträucher klein zu halten, lichtet man aus und entfernt dabei das älteste Holz.

Haselnuss

Corylus avellana
Betulaceae

Man benötigt verschiedene Sorten, damit die Hasel fruchtet. Die erprobten Sorten wie 'Merveille de Bollwiller', 'Ronde du Piémont' oder 'Fertile de Coutard' sind leicht zu bekommen. Rasch erreicht die Haselnussernte etliche Kilogramm im Jahr. Beim Rückschnitt werden alle 2 Jahre die ältesten Triebe direkt über dem Boden abgesägt. Was zu hoch hinausgewachsen ist, kann ebenfalls gekürzt werden. Man vermehrt die Sträucher, indem man im Winter einen der jungen Wurzelschösslinge ausgräbt. Haselnussbüsche sind von einem Schädling betroffen: einer minierenden Insektenlarve. Um sie loszuwerden, muss man im Winter den Boden unter den Haselbüschen gut bearbeiten. Das Herbstlaub ist sehr hübsch und mit etwas Glück bietet man dem roten Eichhörnchen etwas Nahrung, denn inzwischen ist es notwendig geworden, dass man sich um diese Tierart kümmert. Auch die grün oder rot belaubten Korkenzieher-Haseln tragen Früchte.

Nashi-Birne

Pyrus pyrifolia
Rosaceae

Dieser Birnbaum ist in Asien heimisch und trägt eine sehr schöne Frühjahrsblüte. Von Natur aus bleibt er mittelgroß. Die Frucht trägt den Namen des Baumes und ist apfelförmig. Man kann den Baum in eine Obstbaumhecke mischen oder einzeln als Fächerspalier oder Buschform ziehen. Beim Rückschnitt werden die alten Triebe entfernt. Wie die meisten anderen Birnen hat auch die Nashi nur eine begrenzte Zeit der Genussreife.

Obsthecken

Um Gartenflächen optisch zu gliedern oder die Grenze zum Nachbarn zu ziehen, setzt man heute gerne Hecken mit unterschiedlichen nektarreichen Blütensträuchern. Doch die Hecken können zur Ernte beitragen, wenn man darin Apfel-, Birn- und Pfirsichbäume unterbringt. Man kann in den Hecken auch Wein oder Kiwis setzen, die dann an den vorhandenen Bäumen ranken. Oder man pflanzt andere, eher unbekannte Beerensträucher, die unsere Geschmacksvielfalt bereichern helfen.

Anbaukalender

Januar	Februar	März
> Bäume und Sträucher pflanzen. > Knoblauch, Dicke Bohnen und Schalerbsen stecken (je nach Klima). > Unter Folie bzw. im Frühbeet Möhren und Rettich säen. > Wo nötig, Kompost auf den Beeten ausbringen. > Vögel füttern. > Nistkästen bauen. > Nistkästen für Samtpfoten unzugänglich aufhängen. > Werkzeuge reinigen (Klingen schärfen, Stiele mit Leinöl einlassen). > Sämereien bestellen. > Ernte der letzten Pastinaken. > Ernte von Rapunzel und Endivie.	> Baumschnitt der Kernobstbäume abschließen. > Rückschnitt von Beerenobst und Wein. > Auf der Fensterbank Tomaten säen, sofern ein Gewächshaus zum Umpflanzen 2 Monate später vorhanden ist. > Möhren, Radieschen / Rettiche, frühen Pflücksalat und Weiße Rüben säen. > Knoblauch, Dicke Bohnen und Schalerbsen im Auge behalten. > Zwiebeln und Schalotten pflanzen. > Weitere Kompostgaben und Lockerung des Bodens. > Die als Vogelfutter belassenen Hülsenfrüchte jäten. > Wasservorräte langsam wieder füllen. > Pflanzkartoffeln zum Keimen ans Licht bringen. > Beete für frühe Kulturen von Stroh befreien, damit der Boden sich erwärmt, und die Beete der späten Kulturen (Mai / Juni mit Tomaten, Bohnen) nochmals gut zudecken. > Wintergemüse ernten, das noch steht.	> Drinnen Tomaten säen. > Zur Saat vom Februar weitere Radieschen / Rettiche, Erbsen, Petersilie und Schnittsalat einsäen. > Ende des Monats Kartoffeln stecken. > Letzte Pflanzmöglichkeit für Obstbäume und Sträucher (Gießen nicht vergessen). > Frühlingsknoblauch, Brutzwiebeln, junge Rhabarberwurzeln und Kräuter (Schnittlauch, Sauerampfer) stecken. > Artischocken von Winterhauben befreien und durch Stecklinge vermehren. > Falls erforderlich die Obstbäume vor dem Ausschlagen mit Salbeibrühe (als Ersatz für Bordelaiser Brühe) spritzen. > Letzte Meisenkästen aufhängen. > Wassertonnen auffüllen. > Wintergemüse und das, was aufgeht (Schnittlauch, Salbei, überwinterter Knoblauch) ernten. > Den ersten Löwenzahn zu Salat verarbeiten.

April	Mai	Juni
> Im Haus: Zucchini säen, evtl. auch noch einige späte Tomaten. > In den Beeten: Aussaat von Erbsen, Möhren, Pastinaken, Salat-Rauke, Weißen Rüben, Radieschen / Rettichen, Schwarzwurzeln > Gewürzkräuter und Blumen säen. > Artischocken, Schalotten, Zwiebeln und Kartoffeln pflanzen. > Boden mit Schichten von Rasenschnitt und Unkraut bedecken. > Unter den Bäumen jäten und die Stämme mit Leimringen versehen, damit die Ameisen keine Blattläuse kultivieren können. > Nacktschneckenpopulationen im Auge behalten (wenn Sie keine Kröte adoptieren können, verwenden Sie Ferramol). > Ernte von ersten Möhren, Chicoree und Weißen Rüben.	> Wenn die Frostgefahr vorüber ist, Tomaten auspflanzen. > Bei warmem Wetter weitere Zucchini säen. > Weitere Freilandsaat von Radieschen / Rettich und Salat (alle 14 Tage). > Aussaat von Stangenbohnen, Buschbohnen und letzten Erbsen. > Ernte von Radieschen / Rettichen, Salat-Rauke, Rhabarber, Erdbeeren, Petersilie, ersten Erbsen.	> Abreisetermine für die Sommerferien festlegen und Aussaat darauf abstimmen (Ende Juni gesäte Bohnen sind Ende August erntereif). > Jäten und das Grünzeug als Mulchschicht ausbringen (gilt auch für den Rasenschnitt). > Aussaat von Möhren, Zucchini, Kürbis, Bohnen, Radieschen / Rettichen. > Letzte Tomatenpflanzen setzen. > Überzählig angesetzte Früchte von den Obstbäumen entfernen. > Beerenobst (Johannisbeeren, Stachelbeeren, Jostabeeren) ernten, Schutznetze gegen Vogelfraß nicht vergessen. > Ernte der ersten Zwiebeln, Schalotten und Frühkartoffeln.

Juli	August	September

Juli

> Bohnen zur Ernte im September säen.
> Aussaat von Salat, Petersilie, Radieschen / Rettich für die Herbsternte. Aussaatbeginn für Winterrettich und 'Daikon'.
> Winterlauch pflanzen.
> Auspflanzen von ein oder zwei Zucchini zur Ernte im August und September.
> Ernte der Beerenfrüchte, Erbsen, Salat, Kartoffeln und der ersten Tomaten.

August

> Aussaat von schwarzem und weißem Rettich ('Daikon').
> Zuckersalat, Rapunzel und letzte Petersilie säen.
> Auf leeren Beeten Stroh bzw. Kompost ausbringen oder Gründüngung (Senf) einsäen.
> Schnitt von Obstbäumen.
> Reiche Tomatenernte, letzte Erbsen und reichlich Bohnen.
> Zum Monatsende die ersten Äpfel pflücken.

September

> Eiszapfen, Winterrettich, Weiße Rüben ('Jaune Boule d'Or'), Salat-Rauke, Wintersalat und Feldsalat säen.
> Alle 4 Jahre die Erdbeerbeete neu anlegen.
> Erde schrittweise abdecken, sobald ein Beet sich leert.
> Kräuter zurückschneiden.
> Hecken schneiden.
> Winterschutz für Igel (aus Zweigen) und für Kröten (aus Steinen) bauen.
> Äpfel, Pfirsiche, Birnen und Trauben ernten.
> Samen von Dill, Petersilie, Bohnen und Tomaten gewinnen.
> Ernte von Tomaten, Auberginen, Gewürz- und Gemüsepaprika, Kohl, Mais, Zucchini, Pastinaken, Rote Bete, Weißen Rüben und Möhren.

Oktober	November	Dezember
> Den Wetterbericht verfolgen, damit die letzten Tomaten, Auberginen und Paprika nicht dem Frost zum Opfer fallen. > Weiterhin Obst ernten, die Kiwis nicht vergessen. > Den letzten Rasenschnitt als Mulch verwenden. > Remontant-Himbeersorten sind genussreif, das zieht sich bis zum ersten Frost hin. > Der erste Chicoree kann in Keller oder Garage gebleicht werden.	> In Gebieten mit mildem Klima können nun Bohnen und Palerbsen gesät werden. > Winterknoblauch und graue Schalotten pflanzen. > Salat mit Schutzfolie bedecken. > Artischocken gegen den Frost anhäufeln / zudecken. > Pflanzbeginn für Obstbäume und Sträucher. > Wassertonnen leeren, damit sie nicht gefrieren. > Pastinaken, Möhren und Winterrettich ernten.	> Bohnen und Schalerbsen säen. > Bäume pflanzen. > Pflanzstützen herausziehen und lagern. > Abgefallenes Laub zusammenfegen und damit Beete schützend zudecken. > Saatgutsortiment durchsehen und die ältesten Samen zur baldigen Verwendung aussortieren. > Gemüsesamen bestellen, die man ausprobieren möchte. > Spaziergänge durch den Gemüsegarten machen, um sich Gedanken über die neue Gestaltung zu machen.

Das ganze Jahr hindurch

> Die Stellen, die es brauchen, mit Kompost, Rasenschnitt, Häckselgut und dem, was man sonst so zur Hand hat, bedecken.
> Komposthaufen regelmäßig belüften und wenden.
> Mäuse und Maulwürfe jagen.
> Wasservorräte prüfen.
> Sich Zeit zum Betrachten des Gartens nehmen.
> Freude am Gemüsegarten haben.

Für Gemüsegartenneulinge

Bezugsquellen für Saatgut und Jungpflanzen

www.dreschflegel-saatgut.de
www.biosaatgut.de
www.magicgardenseeds.de
www.poetschke.de
www.blumensamen-shop.de
www.samenhaus.de
www.kiepenkerl.de
www.tom-garten.de

Bezugsquellen für Bäume und Sträucher

Am besten besucht man eine Baumschule in der direkten Umgebung und informiert sich dort.
Wenn man aber von Zuhause aus bestellen möchte:

www.arboterra.de
www.alte-obstsorten.de
www.alte-obstsorten-online.de
www.baumschule-horstmann.de
www.kiefer-obstwelt.de
www.baumschule-ammann.de
www.obstbau.de
www.kessler-baumschulen.de
www.baumgartner-baumschulen.de

Register

Bildquellen

Alle Zeichnungen von Caroline Koehly
Alle Fotos von Franck Boucourt[1] außer:
BIOSPHOTO: S. 10 unten, 14 oben, 56 rechts,
128 oben und unten, 129, 131, 133 unten, 136
(zwei Aufnahmen)
Jean-Michel Groult: S. 38
Jérôme Julien: S. 93 oben
Anne-Marie Nageleisen: S. 48
Didier Willery: S. 116, 117, 119, 121 unten, 130,
134 oben, 135 (zwei Aufnahmen)
fotolia.com/Noam

Dank

Mein Dank gilt Antoine, Emmanuelle, Didier,
Raphaèle, Guillaume, Laurent, Bénédicte, Virginie, Léo, Lola und Loup für ihre unendli-
che Geduld und Caroline für die Zeichnungen
sowie Franck für die Fotos.

**Die in diesem Buch enthaltenen Empfehlun-
gen und Angaben sind vom Autor mit größ-
ter Sorgfalt zusammengestellt und geprüft
worden. Eine Garantie für die Richtigkeit
der Angaben kann aber nicht gegeben werden. Autor und Verlag übernehmen keinerlei
Haftung für Schäden und Unfälle.**

1 alle Aufnahmen von Franck Boucourt wurden
im Gemüsegarten von Rodolphe Grosléziat aufge-
nommen außer: Kleingärten Grand Quively: S. 92;
Gemüsegarten von Ehepaar Nadeau, Izon (33): S. 8,
46, 91; Gemüsegarten von Park Sarrat, Dax (40):
S. 44; Gemüsegarten von Patricia Auvray, Mianney
(80): S. 45; Gemüsegarten der Baumschule Antoine
Breuvart: S. 74; Gemüsegarten von Saint-Jean-de-
Frenelle (27): S. 11, 19.

**Bibliografische Information der Deutschen
Nationalbibliothek**
Die Deutsche Nationalbibliothek verzeichnet
diese Publikation in der Deutschen Nationalbib-
liografie; detaillierte bibliografische Daten sind
im Internet über http://dnb.d-nb.de abrufbar.

Die französische Originalausgabe erschien unter
dem Titel Rodolphe Grosléziat, Un petit pota-
ger qui vaut le coup. Les fruits et les légumes les
plus rentables à cultiver sur une petite surface.
© 2011 Les Edition Eugen Ulmer, Paris
Layout und Realisation: Bénédicte Dumont

© 2013 Eugen Ulmer KG
Wollgrasweg 41, 70599 Stuttgart (Hohenheim)
E-Mail: info@ulmer.de
Internet: www.ulmer.de
Lektorat: Sabine Drobik, Doris Kowalzik
Übersetzung: Sabine Hesemann
Herstellung: Gabriele Wieczorek
Umschlagentwurf: red.sign, Anette Vogt, Stuttgart
Satz: Atelier Reichert, Stuttgart
Druck und Bindung: Westermann Druck, Zwickau
Printed in Germany

ISBN 978-3-8001-7835-3

Die pure Lust auf Garten

- **Die persönliche Gartenwelt der Fernseh- und Radio-Gartenexpertin**

- **Gartengeschichten, die das Leben schreibt**

- **Erprobte Kniffe für den Blumen-, Obst- und Gemüse-garten**

- **Leckere Rezepte und Deko-ideen für Haus und Garten**

Ein Gartenbuch ganz unkompliziert und sympathisch – so wie die Autorin selbst. Sonnenblumen zaubern den Sommer auf den Tisch und aus den Ringelblumen wird wohltuende Salbe à la Mama. Schauen Sie Heike Boomgaarden über die Schulter, wenn sie die Obstbäume schneidet oder die Zwiebelzwerge für das nächste Frühjahr im Boden verstaut. Krempeln Sie ruhig schon einmal die Ärmel hoch und packen Sie mit an!

Natürlich Heike. So lebe ich mein Gartenjahr. Heike Boomgaarden, Bärbel Oftring. 2012. 160 Seiten, 174 Farbfotos, geb. mit SU. ISBN 978-3-8001-7745-5.

www.ulmer.de

Im Gärtnern liegt ein Schatz verborgen

- Christiane Büch begleitet elf beseelte GärtnerInnen durchs Jahr

- Stimmungsvolle Einblicke in eine Welt voller grüner und blühender Gedanken

- Mit wunderschönen, persönlichen Fotos

Warum macht Gärtnern glücklich? Gärtnern ist mehr als ein Hobby, es ist Leidenschaft. Aber was ist es genau? Warum lässt es uns nie wieder los? Christiane Büch versucht Antworten auf diese Fragen zu finden, lernt dabei viele begeisterte Gärtner und ihre Refugien kennen und hat Freunde fürs Leben gefunden. Das Tagebuch einer Gartenbegeisterten, zum Hineinträumen und Schwelgen.

Gärtnerseelen. Warum Dreck unter den Fingernägeln glücklich macht. Christiane Büch. 2012. 192 Seiten, 163 Farbfotos, geb. mit SU. ISBN 978-3-8001-7750-9.

 **Ganz nah dran.**